PROVISIÓN LLENA DE PROPÓSITO
DIOS SATISFARÁ TUS NECESIDADES

JOHN STANKO

Provisión Llena de Propósito
by Dr. John Stanko
Copyright ©2025 Dr. John Stanko

Traducido por M.A Yair Herrera F
Derechos de autor, 2025 M.A Yair Herrera F

Todos los derechos reservados. Este libro está protegido por las leyes de derechos de autor de los Estados Unidos de América. Este libro no puede ser copiado o reimpreso para obtener ganancias o beneficios comerciales. Se permite y fomenta el uso de citas cortas o copias ocasionales de páginas para el estudio personal o grupal. El permiso se otorgará previa solicitud.

A menos que se identifique lo contrario, la Escritura tomada de la SANTA BIBLIA, NUEVA VERSIÓN® INTERNACIONAL. Copyright © 1973, 1978, 1984 por la Sociedad Bíblica Internacional. Utilizado con permiso de zondervan Publishing House. Todos los derechos reservados.

ISBN 978-1-63360-346-2

Para distribución mundial impreso en los EE.UU.

Urban Press
P.O. Box 5044
Williamsburg, VA 23188-5200 USA
+1.757.808.5776
www.urbanpress.us

Contenido

Introduction	v
Estudio 1 El Secreto de Pablo	1
Estudio 2 Temporadas Financieras	4
Estudio 3 Pan	7
Estudio 4 Hambruna	10
Estudio 5 Innovación en Tiempos de Crisis	13
Estudio 6 Espacios Abiertos de Par en Par	16
Estudio 7 Tu Propósito y Tu Ocupación	19
Estudio 8 Pagado Por Ser Quién Eres	23
Estudio 9 Dios Cuidará de Ti	26
Estudio 10 Pan Duro	29
Estudio 11 Sin Paja, Más Ladrillos	33
Estudio 12 No Retrocedas	36
Estudio 13 No Te Rindas	39
Estudio 14 Sigue Vertiendo	42
Estudio 15 Tu Cheque de Pago	46
Estudio 16 Unos Pocos Pájaros y un Arroyo	51
Estudio 17 Vendrá	55

Estudio 18
Tu Pozo   59

Estudio 19
Crea Más Necesidad   63

Estudio 20
Trabaja Tu Tierra   66

Estudio 21
Trabajando Para el Faraón   69

Estudio 22
El Salario Correcto   72

Estudio 23
¿Para Quién Trabajas?   75

Estudio 24
Oro y Plata   81

Estudio 25
Abundancia   78

Estudio 26
Vivir en Goshen   85

Estudio 27
El Principio de Gosén   88

Estudio 28
El Rey Paga la Obra del Reino   92

Estudio 29
Maná   96

Epilogue
La Generosidad y la Provisión de Dios   99

INTRODUCCIÓN

Una de las preguntas más profundas que le hago a las personas que acuden a mí en busca del propósito de su vida es esta: *si tuvieras todo el dinero que necesitas para vivir, ¿qué harías con tu vida? ¿Cómo pasarías tu tiempo?* Sorprendentemente, a menudo, esta pregunta es difícil de responder para ellos. Pueden decir: "Viajaría", pero cuando pregunto: "¿A dónde irías?", la respuesta es vaga o incierta. Pueden decir: "Compraría un bote o construiría una nueva casa para mi familia", pero cuando se les presiona más, se dan cuenta de que realmente no han imaginado una vida libre de limitaciones financieras. Simplemente no saben qué harían si el dinero no fuera un problema.

Esta pregunta se encuentra en el corazón de lo que quiero explorar contigo en este libro, *Provisión Llena de propósito: Dios satisfará tus necesidades*. En las páginas que siguen, te guiaré a través de los principios bíblicos relacionados con el dinero y el propósito. Mi objetivo es ayudarte a ir más allá del condicionamiento cultural, las enseñanzas de tus padres, las suposiciones profesionales e incluso las tradiciones de la iglesia que pueden haber moldeado tu pensamiento sobre las finanzas de manera que limiten tu potencial. Este no será un proceso rápido ni fácil, pero será transformador.

En este viaje, descubrirás que no trabajas *para* ganar dinero, sino que el dinero es una herramienta que te permite vivir el propósito que Dios te ha dado. Aprenderás cómo el enemigo de tu alma usa lo que yo llamo "terrorismo económico": obstáculos financieros y presiones diseñadas para desviarte del cumplimiento de tu llamado. Pero, lo que es más importante, también aprenderás que Dios promete proveer para todas tus necesidades, específicamente, tus *necesidades de propósito*, para que puedas dar fruto y hacer Su voluntad. Parte de ese llamado es crear más necesidad; no egoístamente, sino como una salida natural de dar fruto en tu propósito creativo.

Reconsideraremos las ideas comunes sobre dar y generosidad, demostrando que estas, si bien son importantes, no son la clave para desbloquear tu éxito financiero. En cambio, nos centraremos en una mentalidad y un estilo de vida que te liberen de los viejos patrones de miedo, limitación e incomprensión financiera. Esta serie te desafiará a cambiar tu perspectiva para que puedas comprometerte plenamente con tu propósito sin quedar paralizado por preocupaciones financieras.

¿Por qué es esto tan importante? Porque si Dios quiere que hagas Su voluntad, y por supuesto que lo hace, entonces debe proveer para que lo hagas. Pero debes entender claramente lo que significa que Dios es tu Proveedor. Sin esta claridad, muchos están atrapados esperando "resolver el problema del dinero" antes de dar el salto de fe hacia su propósito. Esperan, dudan y, a veces, nunca avanzan.

Esta serie está diseñada para ayudarte a resolver la cuestión del dinero de una vez por todas para que puedas avanzar con confianza en tu propósito. Y comienza con una verdad que puede ser sorprendente: la provisión de Dios no se trata principalmente de *cuánto* dinero tienes o qué tan cómoda es tu situación financiera. En cambio, se trata de la fidelidad de Dios para satisfacer tus necesidades para que puedas hacer lo que Él te ha creado para hacer. Aprenderás a confiar en Dios como tu primera y última fuente, más allá de las empresas, los gobiernos o incluso las iglesias, y a comprender que Él puede proveer de maneras que desafían la lógica o las expectativas humanas.

El apóstol Pablo es un excelente ejemplo. A muchas personas les encanta citar Filipenses 4:13: "Todo esto lo puedo en Cristo que me fortalece", pero a menudo se cita fuera de contexto. Pablo estaba escribiendo sobre su experiencia de temporadas financieras, tanto de abundancia como de escasez, y cómo aprendió a estar contento en todas las situaciones. Descubrió el secreto de tener suficiente ya sea que estuviera hambriento o lleno, rico o pobre, sabiendo que su fuerza para cumplir con su llamado no provenía del dinero sino de Cristo. Este mismo secreto está disponible para ti.

A lo largo de este libro, compartiré mis propias temporadas y luchas financieras. Como muchos de ustedes, he enfrentado tiempos de abundancia y tiempos de escasez. A veces he confiado en la provisión de Dios; otras veces, he estado en temporadas de espera e incertidumbre. Pero he aprendido que la provisión de Dios es mucho más que dinero. Se trata de tu mentalidad, tu obediencia y tu voluntad de confiar en Dios incluso cuando no ves la provisión.

También verás cómo Dios usa tus circunstancias financieras, ya sea abundancia o escasez, para enseñarte, humillarte y hacerte crecer. Dios disciplina a Sus hijos por amor, moldeando su carácter y enseñándoles lecciones que los preparan para una mayor fecundidad. Al igual que los israelitas en el desierto que aprendieron a confiar en la provisión diaria de maná de Dios, aprenderás a vivir por fe cada día, confiando en que Dios proveerá lo que necesites cuando lo necesites.

A veces, Dios usará las dificultades financieras para moverte, redirigirte o animarte a innovar y crear. Así como Abraham se mudó a Egipto durante una hambruna e Isaac eligió quedarse y confiar en Dios, tú también enfrentarás decisiones sobre dónde invertir tu tiempo y energía. Aprenderás a discernir la voz de Dios en tiempos de crisis y a responder con fe y creatividad.

Además, descubrirás que tu propósito no es el mismo que tu ocupación. Al igual que el apóstol Pablo, que era fabricante de tiendas de oficio pero apóstol de llamamiento, es posible que descubras que tu trabajo financia tu propósito en lugar de definirlo. Comprender esta distinción te libera de sentirte atrapado por tu trabajo actual o situación financiera y te abre a ver cómo Dios puede trabajar a través de varios medios para apoyar tu propósito.

Este libro también te alentará a identificar tus dones únicos y las formas en que Dios ya te ha equipado para servir y proveer. Es posible que hayas pasado por alto talentos o habilidades, como que a la madre de Moisés se le pague para que lo amamante, que pueden ser una fuente de provisión a medida que cumples tu llamado.

Sobre todo, quiero que entiendan que Dios se deleita en proveer para Sus hijos de maneras inesperadas y milagrosas. Puede que no siempre use los canales que esperas, pero siempre será fiel. Como Jesús nos enseñó, no debemos preocuparnos por lo que comeremos o vestiremos, sino que debemos buscar primero el Reino y la justicia de Dios, confiando en que todas estas cosas también nos serán añadidas

En los capítulos siguientes, te invito a viajar conmigo mientras exploramos verdades bíblicas, pasos prácticos e historias inspiradoras que te ayudarán a liberarte del miedo financiero y entrar en la vida abundante que Dios ha preparado para ti, una vida vivida plenamente en el propósito que Dios te ha dado.

¿Estás listo para dar el primer paso? Comencemos juntos este emocionante viaje mientras observamos la verdad de que cuando persigues tu propósito, puedes esperar la *Provisión Llena de Propósito*.

John W. Stanko
Pittsburgh, Pensilvania
Diciembre 2025

Traducido por
Yair Herrera F.
Barranquilla, Colombia
Diciembre 2025

ESTUDIO 1
EL SECRETO DE PABLO

Comencemos observando lo que muchas personas me han dicho a lo largo de los años que es su versículo favorito o más significativo:

> Todo lo puedo en Cristo que me fortalece (Filipenses 4:13).

Desafortunadamente, la mayoría de las personas citan este versículo fuera de contexto, porque no se refiere a sus acciones diarias o hazañas para Dios. En realidad, es un versículo que habla sobre el dinero, o la falta de él. Veámoslo en su contexto completo y hagámoslo desde la RVR1960

> En gran manera me gocé en el Señor de que ya al fin habéis revivido vuestro cuidado de mí; de lo cual también estabais solícitos, pero os faltaba la oportunidad. No lo digo porque tenga escasez, pues he aprendido a contentarme, cualquiera que sea mi situación. Sé vivir humildemente, y sé tener abundancia; en todo y por todo estoy enseñado, así para estar saciado como para tener hambre, así para

tener abundancia como para padecer necesidad. **Todo lo puedo en Cristo que me fortalece** (Filipenses 4:10-13, énfasis agregado).

Pablo estaba diciendo que tenía la fuerza de Dios para cumplir su propósito de llevar el evangelio a los gentiles, ya sea que tuviera las finanzas para hacerlo o no. La frase clave es *"**pues he aprendido a contentarme**, cualquiera que sea mi situación* él podría escribir eso porque nos dijo: Sé vivir humildemente, y sé tener abundancia; en todo y por todo estoy enseñado, así para estar saciado como para tener hambre, así para tener abundancia como para padecer necesidad". Pablo podía hacer todas las cosas sin importar cuánto dinero tuviera en el banco y, por supuesto, no tenía una cuenta bancaria. Pero ya te haces una idea.

Parece que Pablo experimentó temporadas financieras tanto de carencia como de abundancia. Sin embargo, no basó su éxito o frutos en cuánto tenía o no tenía. Mantuvo su enfoque en hacer la voluntad de Dios y aceptó la realidad de su situación financiera. ¿Cuál era su secreto? Descubrió que Dios le daría el poder para "enfrentar todas las condiciones" y seguir siendo fiel a su propósito creativo.

Me he enfrentado a muchas temporadas financieras, y ahora mismo es una de carencias. No estoy en la indigencia de ninguna manera, pero estoy en una temporada baja en la que estoy buscando al Señor para que me guíe. Sin embargo, no parece que vaya a venir ningún cambio de rumbo. Más bien, es un momento en el que Dios me está enseñando el secreto que Pablo había descubierto, y esa es la forma de mantenerme fiel al curso de mi vida cuando todo el dinero que quiero o necesito, o creo que necesito, no está allí.

¿Y tú? ¿Has conectado tu capacidad de fluir con propósito a tener todo el dinero que necesitas, o saber de dónde vendrá y cuándo? ¿Estás dispuesto a dejar de aplicar Filipenses a toda la vida y, en cambio, enfocar su significado en tus finanzas? Pablo fue un hombre de propósito en todas sus temporadas financieras y Dios quiere que tú (y yo) seamos como él. Y comienza con aceptar la limitación de Filipenses 4:13, que no se aplica a toda la vida, sino más bien a tu capacidad para funcionar con propósito en cada temporada financiera.

Estudio 2
Temporadas Financieras

En este primer estudio, vimos las palabras de Pablo explicando de que había aprendido a contentarse con mucho o con poco. ¿Por qué permitiría Dios que hubiera un poco, cuando promete abundancia y una tierra que fluye leche y miel? Vemos la respuesta a esa pregunta en Deuteronomio:

> "Y te acordarás de todo el camino por donde te ha traído Jehová tu Dios estos cuarenta años en el desierto, para afligirte, para probarte, para saber lo que había en tu corazón, si habías de guardar o no sus mandamientos. Y te afligió, y te hizo tener hambre, y te sustentó con maná, comida que no conocías tú, ni tus padres la habían conocido, para hacerte saber que no solo de pan vivirá el hombre, mas de todo lo que sale de la boca de Jehová vivirá el hombre. Tu vestido nunca se envejeció sobre ti, ni el pie se te ha hinchado en

estos cuarenta años. Reconoce asimismo en tu corazón, que como castiga el hombre a su hijo, así Jehová tu Dios te castiga" (Deuteronomio 8:2-5).

Sí, es cierto que Dios te bendecirá, pero para asegurarse de que el dinero no te corrompa o incluso te arruine, Él te humillará. ¿Cómo te humillará Él? Él lo hará permitiéndote pasar hambre a veces. No te morirás de hambre, pero es posible que no siempre sepas de dónde vendrá tu próxima comida o el pago del alquiler. Y luego Él puede alimentarte con "maná", de alguna manera o de una fuente que no es Su canal habitual de provisión para ti. ¿Por qué? Así sabrás que Él es tu fuente y no tus propias habilidades.

Miro hacia atrás en mis más de cincuenta años de servicio al Señor, y puedo identificar muchas temporadas de altibajos en lo que respecta al dinero. Y hubo más de unas pocas ocasiones en las que pensé con certeza que sabía cómo Dios iba a proveer o a quién iba a usar para hacerlo, solo para que Él me sorprendiera no con Su provisión, sino con cómo llegó a mi. En cada ocasión, fue para ayudarme a mantener mi enfoque en Él y no en mis títulos, mis dones, mi ministerio o mi conocimiento. Y a veces era para ayudarme a hacer una transición a un nuevo lugar donde Él quería que expresara mi propósito.

Veremos a lo largo de este libro que Dios no se limita a proveerte a través de tu herencia, tu lugar de trabajo, tu familia o cualquiera de los medios habituales. De hecho, parece deleitarse en proveer de maneras que tu no esperas o no puedes anticipar.

Según Deuteronomio, Él hace esto para ver lo que hay en tu corazón y para disciplinarte o entrenarte para que mantengas tus ojos en Él y no en tu fuente. Hay más en este pasaje que veremos en las próximos estudios, pero por ahora, es suficiente saber que habrá temporadas financieras mientras sirves a Dios a través de tu propósito creativo. Todos ellos son parte de Su plan para enseñarte y desarrollarte.

¿En qué momento de las finanzas te encuentras actualmente? ¿Tienes abundancia, falta o simplemente lo suficiente? ¿Cómo estás afrontando la temporada en la que estás? ¿Complacencia? ¿Miedo? ¿Pánico? ¿Ansiedad? ¿Reposo? Sí, tú puedes aprender a descansar y encontrar paz en todas y cada una de las estaciones financieras, tal como lo hizo Pablo, confiado en que Dios está mirando y no permitirá que te mueras de hambre. Sin embargo, aprenderás que Él no necesariamente te proveerá de la manera que conoces o de acuerdo con tu horario.

Estudio 3

PAN

Repasemos el pasaje que vimos en el estudio 2 para obtener una visión adicional de lo que Dios te está enseñando sobre finanzas y propósito y la conexión entre los dos:

> "Acuérdate de cómo el Señor tu Dios te guio por el desierto estos cuarenta años, para humillarte y probarte a fin de saber lo que había en tu corazón, si guardarías o no sus mandamientos. Él te humilló, te hizo pasar hambre y luego te alimentó con maná, que ni tú ni tus antepasados habían conocido, para enseñarte que no solo de pan vive el hombre, sino de toda palabra que sale de la boca del Señor. Tus ropas no se desgastaron y tus pies no se hincharon durante estos cuarenta años. Sabed, pues, en tu corazón que como un hombre disciplina a su hijo, así el Señor tu Dios te disciplina a ti" (Deuteronomio 8:2-5).

Dios permitió que la gente tuviera hambre y luego los alimentó con maná, que hasta ese momento la gente no había visto ni oído hablar. ¿Por qué Dios hizo esto? Lo hizo para enseñarles. ¿Y cuál fue la lección? Que "no solo de pan vive el hombre, sino de toda palabra que sale de la boca del Señor". Examinaremos el concepto del maná más de cerca más adelante en este libro.

Siglos más tarde, Jesús estaba en el desierto y después de ayunar durante 40 días, el tentador le sugirió que convirtiera las piedras en pan. Jesús se negó y en su lugar citó esas palabras: "No solo de pan vive el hombre, sino de toda palabra que sale de la boca del Señor". Jesús no vino para montar un espectáculo, ni para satisfacer necesidades, ni para que Sus necesidades fueran satisfechas. Él vino a cumplir Su propósito y eso era lo más importante en Su mente. También tiene que estar en lo más alto de tu lista de prioridades.

Mientras escribo, estoy pasando por una pequeña falta financiera en el trabajo de mi ministerio. Dios ha permitido que esto me enseñe que mis ministerios no existen solo para atender mis necesidades, sino para extender el Reino de Dios y tocar la vida de las personas. No estoy haciendo esto para ganar dinero, aunque necesito dinero. Estoy haciendo lo que hago porque es la voluntad de Dios para mi vida. El dinero es Su responsabilidad; el propósito que Él me ha dado es el mío.

Una cosa más: ¡Fíjate que la ropa y los zapatos de la gente no se desgastaron, a pesar de que vivieron en condiciones duras y desérticas durante 40 años! Dios proveyó para ellos reduciendo sus necesidades; No tenían que preocuparse por la ropa. Y luego los alimentó a través de la fuente de maná que era desconocida pero predecible: aparecería diariamente y solo satisfaría sus necesidades diarias.

¿Dónde está tu foco? ¿Sobre las finanzas de tu propósito o sobre su propósito mismo? ¿Estás en esto por el dinero, no para hacerte rico, sino para asegurarte de que se satisfagan tus necesidades diarias? ¿Ves que tu propósito no es tu fuente, sino Dios? Parece que Dios hará todo lo posible para enseñarnos esta verdad, y haríamos bien en aprender la lección de una vez por todas, que es donde estoy ahora mismo.

Dios proveerá, pero no se basa en el trabajo que hacemos, sino en Su fidelidad para hacerlo. Él espera que continuemos haciendo Su voluntad, independientemente de la temporada de provisión, carencia o abundancia en la que nos encontremos. Cualquiera que sea el estado de tus finanzas, puedes avanzar y ser fructífero, que es la lección que Dios nos está enseñando.

ESTUDIO 4

HAMBRUNA

Mientras examinamos la conexión entre tu propósito y tus finanzas, veamos el momento en la vida de Abraham cuando tuvo que llevar a su familia a vivir a Egipto:

> Hubo entonces hambre en la tierra, y descendió Abram a Egipto para morar allá; porque era grande el hambre en la tierra (Génesis 12:10).

Es interesante que Dios le había dado a Abraham la tierra donde vivía, pero en algún momento, Abraham tuvo que irse de allí debido a circunstancias fuera de su control. Había una hambruna, por lo que no vio otra opción más que mudarse. (Egipto, por supuesto, tenía comida porque tenían un río con abundante agua, por lo que siempre podían regar sus cultivos).

Mientras Abraham estaba en Egipto, mintió cuando presentó a su esposa a las autoridades locales. No dijo una mentira total, porque ella era su media hermana; simplemente omitió la parte sobre que ella era su esposa. Parece que en este caso Dios usó las finanzas para motivar a Abraham a mudarse a un lugar donde Dios pudiera revelar y confrontar una falla en su manera de pensar. Él sintió que tenía que mentir acerca de Sara para protegerla porque Dios era incapaz de hacerlo.

Por supuesto, cuando hablo de finanzas en el caso de Abraham, fue simplemente una cuestión de comida lo que lo hizo seguir adelante (no había dinero involucrado), pero espero que entiendas la conexión. La moraleja en esta historia es que Dios usará tus finanzas, o la escasez, para dirigirte o para afrontar cuestiones en tu pensamiento y carácter que podrían socavar tu propósito si no se atienden.

Es común entrar en pánico cuando una hambruna golpea tu vida, pero como veremos en el próximo capítulo con el hijo de Abraham, Isaac, Dios puede proveer en una hambruna sin que te mudes o encuentres un nuevo trabajo. Mudarse fue la respuesta al problema de Abraham. No aplica a todas las personas en general, ya que Dios puede usar tus finanzas para que sigas adelante, o para moldearte y darte forma donde estás. La clave es no ceder al miedo, sino buscar Su voz y Su voluntad cuando las finanzas son limitadas.

¿Dónde está Dios usando tu dinero o su falta para hablarte? ¿Estás en modo de pánico o entiendes que Dios te está enseñando a través de tus necesidades y como Él las satisface? Dios es el supervisor de tu propósito y sabe que tú y tu familia necesitan dinero para vivir. Por lo tanto, si no tienes dinero, entonces Dios está preparando algo más y es tu trabajo descubrirlo. La buena noticia es que Él está listo para mostrarte, si no llegas a la conclusión apresurada de que sabes qué hacer antes de acudir a Él en lo que respecta a tu provisión llena de propósito.

ESTUDIO 5

INNOVACIÓN EN TIEMPOS DE CRISIS

En el último capítulo, vimos cómo Abraham huyó a Egipto para escapar de la hambruna que había en su territorio. Más tarde, Isaac experimentó una hambruna similar en la misma tierra, pero esto es lo que el Señor le dijo:

> Y se le apareció Jehová, y le dijo: No desciendas a Egipto; habita en la tierra que yo te diré. Habita como forastero en esta tierra, y estaré contigo, y te bendeciré; porque a ti y a tu descendencia daré todas estas tierras, y confirmaré el juramento que hice a Abraham tu padre (Génesis 26:2-3).

¿Y cuál fue el resultado de la obediencia de Isaac de no huir ante una inminente crisis alimentaria?

> Y sembró Isaac en aquella tierra, y cosechó aquel año ciento por uno; y le bendijo Jehová. El varón se enriqueció, y fue prosperado, y se engrandeció hasta hacerse

muy poderoso. Y tuvo hato de ovejas, y hato de vacas, y mucha labranza; y los filisteos le tuvieron envidia. Y todos los pozos que habían abierto los criados de Abraham su padre en sus días, los filisteos los habían cegado y llenado de tierra (Génesis 26:12-15).

Parece que los filisteos estaban molestos por el éxito de Isaac y se encargaron de tapar los pozos que Abraham había cavado y que Isaac estaba usando. ¿Para qué usaba Isaac esos pozos? No solo los usaba para satisfacer sus necesidades personales, probablemente también los usaba para irrigar y regar sus cultivos. Isaac buscó al Señor, Dios le habló para que se quedara y no se fuera, y luego Isaac ideó una solución innovadora para la sequía, algo que su padre no pudo ver y por lo tanto no hizo. La única opción que vio Abraham fue irse, pero Isaac vio otra de avanzar, que nació de la crisis.

También experimentarás tiempos de sequía en la búsqueda de tu propósito creativo. No corras automáticamente a Egipto. Con eso quiero decir que no asumas que debes hacer un cambio, ya sea un nuevo trabajo o un nuevo lugar de residencia. Primero, busca al Señor y luego haz lo que Él te indique que hagas **sin miedo**. Luego, analiza lo que has hecho y lo que estás haciendo para ver si Dios te muestra algo nuevo que hacer, o una nueva forma de hacer lo que has estado haciendo. Los tiempos difíciles son una fuente maravillosa de creatividad e innovación, cuando puedes descubrir algo que tú y otros han pasado por alto y que luego se convertirá en el secreto de tu éxito.

¿Estás pasando por una hambruna o una sequía? Si es así, haz lo que hizo Isaac. Busca la dirección de Dios y luego busca una manera de regar tus cultivos mientras otros se mudan a Egipto. Al hacerlo, descubrirás estrategias en medio de la crisis que te ayudarán a encontrar tu bendición financiera mientras fluyes hacia tu propósito creativo.

Estudio 6
Espacios Abiertos de Par en Par

Se esperaría que cuando alguien vive en un desierto, el agua sea una fuente de bendición y contención. Después de que Isaac usó los pozos de su padre para cultivar sus cultivos, los filisteos tuvieron envidia y arruinaron sus pozos. Por lo tanto

> E Isaac se fue de allí, y acampó en el valle de Gerar, y habitó allí. Y volvió a abrir Isaac los pozos de agua que habían abierto en los días de Abraham su padre, y que los filisteos habían cegado después de la muerte de Abraham; y los llamó por los nombres que su padre los había llamado. Pero cuando los siervos de Isaac cavaron en el valle, y hallaron allí un pozo de aguas vivas, los pastores de Gerar riñeron con los pastores de Isaac, diciendo: El agua es nuestra. Por eso llamó el nombre del pozo Esek, porque habían altercado con él. Y abrieron otro pozo, y también

riñeron sobre él; y llamó su nombre Sitna.
Y se apartó de allí, y abrió otro pozo, y no riñeron sobre él; y llamó su nombre Rehobot, y dijo: Porque ahora Jehová nos ha prosperado, y fructificaremos en la tierra (Génesis 26:17-22).

Isaac le dio a este lugar el nombre de *Rehoboth*, que significa "amplios espacios abiertos". Isaac estaba dispuesto a abandonar el lugar original del conflicto y encontró un lugar donde no tuviera que contender, por el momento, con sus vecinos. Y él y su equipo parecían tener una habilidad especial para encontrar agua, por lo que estaban seguros de que, cuando avanzaran, no tendrían sed por mucho tiempo, y tenían razón.

A menudo he aconsejado a la gente que se les celebre y no solo se les tolere. Para mí, esos lugares han sido fuera de los Estados Unidos. Supuse que Dios tendría que proveerme en los Estados Unidos mientras trabajaba "allá", pero por el contrario, Dios me ha provisto "allá" para que yo pudiera vivir aquí. Al igual que Jacob, he encontrado lugares donde había mucha agua para mí y no tuve que contender ni competir con los que eran envidiosos o transgresores.

Dios quiere prosperarte en y a través de tu propósito creativo como lo ha hecho por mí. Pero tienes que estar dispuesto a ir a nuevos lugares y cavar nuevos pozos para encontrar lo que necesitas para prosperar. **¿No estás dispuesto a seguir adelante, ni siquiera mentalmente? ¿Estás haciendo las mismas cosas en los mismos lugares y te preguntas por qué Dios no bendice tu trabajo?**

¿Estás dispuesto a buscar nuevas oportunidades en las que seas celebrado y en las que disfrutes del fluir de la provisión de Dios?

Dios quiere llevarte a tus propios espacios abiertos para que puedas cavar profundo y encontrar la satisfacción y las finanzas que necesitas. Él puede ayudarte a encontrar agua en los lugares más secos, pero tienes que estar dispuesto a aceptar el cambio y aceptar que Dios es el que te asigna los pozos que necesitas, pero requiere que vayas a buscarlos y cavarlos. Aprende de Isaac que Dios te hará saber cuándo es el momento de seguir adelante. Entonces depende de ti obedecer Su dirección e ir a buscar agua, o quedarte y continuar experimentando tiempos de sequía.

Estudio 7
Tu Propósito y Tu Ocupación

Estamos analizando la relación entre tu propósito y las finanzas porque, en mi experiencia, a menudo he encontrado que la provisión es la mayor preocupación para las personas que buscan propósito. Asumen que su propósito será su fuente de ingresos, pero he descubierto que no siempre es así. Veamos al apóstol Pablo para ver qué puede enseñarnos sobre nuestro tema.

El propósito de Pablo era llevar el evangelio de Cristo al mundo gentil. Sabemos esto porque su llamado en el camino de Damasco tiene un lugar destacado en el libro de los Hechos. Después de esa experiencia, Pablo se refirió a su propósito en cada una de sus cartas, generalmente relacionando su propósito con un pasaje del Antiguo Testamento sobre los gentiles que ven una gran luz. Cuando Pablo hablaba de sí mismo, siempre se refería a su propósito, y ese propósito no era su ocupación. Para ganarse la vida, Pablo hizo tiendas, porque ningún rabino aceptaba dinero para enseñar la palabra de Dios.

La única forma en que sabemos que Pablo hizo tiendas fue que Lucas escribió sobre ello en el libro de Hechos. ¿No te parece interesante que Pablo nunca se haya referido a hacer tiendas? Eso era lo que hacía para ganar dinero, pero no era lo que era. Fue un apóstol de los gentiles y eso es lo que obtuvo el lugar principal en su corazón, tiempo, esfuerzos y escritos. (Pablo le devolvió el favor. En ninguna parte Lucas mencionó que era médico; Pablo nos informó de eso en Colosenses 4:14. Obviamente, Lucas aprendió de su mentor la diferencia entre propósito y ocupación).

¿QUIÉN ERES?

Si te preguntara qué haces, ¿qué dirías? Puede ser un agente de seguros o un ingeniero, pero ¿es eso lo que es? También puede ser misionero de un grupo étnico, mientras que la venta de seguros o la ingeniería pagan las facturas. Cuando la gente te pregunta qué haces, como acabo de hacer, ¿cómo respondes? Si respondes que eres vendedor o ingeniero, entonces te estás definiendo por lo que haces.

Si dices misionero, te estás enfocando en el propósito y no en lo que compra tu comida. Es posible que solo llegues al campo misionero una vez al año en tu tiempo de vacaciones, pero las otras semanas estás orando y trabajando para esa misión. No tienes que renunciar a tu ocupación para abrazar tu propósito. Es posible que simplemente debas distinguir entre los dos. Y esto es importante porque entonces verás que tu trabajo es lo que financia tu propósito, y Dios puede cambiar tus trabajos en el camino, pero no tendrás que cambiar tu propósito si Él lo hace.

Os Guinness escribió el siguiente párrafo en su libro, (Entrepreneurs of Life) *Emprendedores de la vida* (ya que usa las palabras "llamado" y "vocación" en lugar de propósito, me he tomado la libertad de insertar la palabra "propósito" cuando corresponde):

> Llamado [propósito] nos ayuda a terminar bien [nuestras vidas] porque nos evita confundir la terminación de nuestras ocupaciones con la terminación de nuestras vocaciones [propósito]. Si alguna vez limitamos nuestro llamado [propósito] a lo que hacemos, y esa tarea nos es arrebatada, de repente nos encontramos desempleados, jubilados o declarados enfermos terminales, entonces estamos tentados a la depresión y la duda. ¿Qué ha pasado? Hemos dejado que nuestra ocupación se entrelace tanto con nuestra vocación [propósito] que perder la ocupación significa perder el sentido de la vocación [propósito] también.

¿No has encontrado o perdido tu sentido de propósito? Entonces tal vez hayas confundido la diferencia entre lo que haces y lo que eres (incluidos ser padres o cónyuges, ese es un papel que tienes, pero no tu propósito). Te sugiero que te tomes un tiempo para reflexionar sobre esta importante distinción y luego ya no te contentes con definir tu vida en términos de lo que haces para ganar dinero, sino de quién eres. Hará toda la diferencia en el mundo y te liberará de pensar que tu propósito tiene que pagar tus facturas.

Estudio 8

Pagado por ser quién eres

Conoces la historia de Moisés, cómo nació en Egipto y fue escondido por sus padres porque el faraón había decretado que todos los bebés varones tenían que morir. Cuando ya no pudieron esconderlo, lo pusieron en una canasta y lo llevaron flotando río abajo donde fue descubierto por la hija del faraón. La hermana de Moisés había seguido al bebé y luego hay un aspecto sutil de la historia que es fácil pasar por alto:

> Entonces su hermana dijo a la hija de Faraón: ¿Iré a llamarte una nodriza de las hebreas, para que te críe este niño? Y la hija de Faraón respondió: Ve. Entonces fue la doncella, y llamó a la madre del niño, a la cual dijo la hija de Faraón: Lleva a este niño y críamelo, *y yo te lo pagaré.* Y la mujer tomó al niño y lo crio (Éxodo 2:7-9, énfasis añadido).

La princesa estaba tan feliz de encontrar al

bebé que estaba dispuesta a pagarle a alguien para que lo amamantara. La hermana de Moisés fue a buscar a su madre, y la princesa le pagó para que amamantara y criara a Moisés. A la mamá de Moses le pagaron por hacer algo que con gusto habría hecho gratis.

Probablemente también hagas cosas gratis por las que otros te pagarían con gusto. Sin embargo, esas cosas son tan naturales para ti que no crees que sean nada especial, pero lo son. Cuando comencé mi negocio, estaba tan acostumbrado a regalar mis servicios que era difícil ponerles precio. Había un servicio de coaching que ofrecí y que había valorado en $30, pero luego alguien me ayudó a ver que había un mercado para este negocio y me recomendó que cobrara $250 en su lugar. Me sorprendió y pensé: "¡Nadie va a pagar tanto!" Y tenía razón: cualquiera que me conociera como el hombre de los 30 dólares no pagaría, pero encontré gente que no me conocía y dije: "Oh, eso es razonable. ¡Hagámoslo!"

Mi punto es que, al igual que la mamá de Moisés, tienes cosas conectadas con tu propósito creativo que Dios puede usar para darte una fuente de ingresos. Tal vez hornees, cocines, escribas, traduzcas, cuides de niños, cultives un jardín, enseñes, limpies, diseñes, cosas o repares y lo hayas hecho durante muchos años. **¿Podrían las personas encontrar útiles esas cosas y estarían dispuestas a pagarte por hacerlas?** La respuesta es que es posible, pero tu propia vacilación y miedo pueden estar frenándolo. Así que esto es lo que te sugiero que hagas.

Primero, pídele al Señor que te muestre tales actividades. No discutas, debatas o comiences a descartar cómo esas cosas no generarán ingresos. Luego sal con alguien que te conozca a ti *y* a los negocios como yo. Pídeles que miren tu servicio o producto y te aconsejen cómo hacer un negocio con él. Finalmente, haz lo que dicen independientemente de cuán temeroso, escéptico o cohibido te sientas.

Cuando comencé a publicar y escribir mis propios libros, encontré una nueva fuente de ingresos que ha sido una bendición. ¡A la mamá de Moses le pagaron por su creatividad (construyendo una canasta impermeable para su bebé) y luego le pagaron por ser su madre! Dios quiere hacer por ti lo mismo que ha hecho por nosotros. Hay algo en ti que es de valor para otros que estarían dispuestos a pagar. Solo tienes que superar tu vacilación para poner precio y valor a lo que Dios te ha creado para ser y hacer.

Estudio 9
Dios Cuidará de Ti

Sigamos analizando la conexión entre tu propósito creativo y tus finanzas. No hace falta decir que necesitas ganarte la vida para que tengas dinero para cubrir tus facturas. Dios sabe que necesitas dinero para que puedas comer y cubrir las otras necesidades de la vida, y por lo tanto prometió a través de Adán y Eva que Él siempre proveería para ti:

> También dijo: "**Yo les doy de la** tierra todas las plantas que producen semilla y todos los árboles que dan fruto con semilla; todo esto les servirá de alimento. **Y doy** la hierba verde como alimento a todas las fieras de la tierra, a todas las aves del cielo y a todos los seres vivientes que se arrastran por la tierra". Y así sucedió (Génesis 1:29-30, NVI, énfasis añadido).

En esos versículos, vemos que Dios proveyó la comida como un regalo; No era su salario por el trabajo realizado. Esperaba que trabajaran, pero su comida no llegaría debido a su trabajo. Eso fue provisto por Dios mismo. Lo que es más, Él no les dio tanto alimento por una cierta cantidad de trabajo realizado; Él les dio lo que necesitaban, incluso en su día de descanso. Más tarde, Jesús enseñó el mismo principio cuando dijo:

> Así que no se preocupen diciendo: "¿Qué comeremos?", o "¿Qué beberemos?" o "¿Con qué nos vestiremos?". Los paganos andan tras todas estas cosas, pero su Padre celestial sabe que ustedes las necesitan. Más bien, busquen primeramente el reino de Dios y su justicia, entonces **todas estas cosas les serán añadidas** (Mateo 6:31-33, énfasis añadido).

El reino de Dios puede definirse simplemente como Su voluntad para tu vida. Si haces lo que el Rey quiere que hagas, Él promete darte todo lo que necesitas para vivir. Él puede usar el lugar donde trabajas para proveerte, pero no necesita ese lugar para proveer a tus necesidades. Él puede darte casas, autos, tierras y todo lo demás que necesites de varias fuentes cuando estés ocupado haciendo Su voluntad. Eso significa que el dinero no tiene que ser tu primera preocupación, pero hacer la voluntad de Dios sí. Permítanme darles un ejemplo.

Soy escritor y paso la mayor parte de mis días editando y publicando libros. También paso mucho tiempo en las redes sociales compartiendo lo que Dios me enseña con una audiencia mundial. A veces la gente me paga para que les ayude a producir sus libros, pero a veces no pueden pagarlo. Es más, el ministerio que realizo a través de las redes sociales no me proporciona ingresos. Sin embargo, sé que es la voluntad de Dios que yo lo haga. A medida que le he obedecido, Dios ha provisto para mi familia de muchas otras maneras mientras escribo, edito y enseño en línea. Mi punto es que Su provisión es un regalo de Dios y no mi pago por el trabajo que hago.

Una de las preguntas que hago a las personas que acuden a mí en busca de ayuda para encontrar su propósito es: "¿Qué harías con tu vida si tuvieras todo el dinero que necesitas para vivir?" La gente me dice que escribiría, pintaría, viajaría, trabajaría con niños y otras actividades que valdría la pena. Luego explico que su respuesta es una buena indicación de cuál es su propósito. Si lo hacen tan a menudo como sea posible, Dios proveerá para que lo hagan de maneras sorprendentes porque Él quiere darles lo que necesitan mientras llevan a cabo Su propósito para sus vidas.

¿Qué harías con tu tiempo y tu vida si tuvieras todo el dinero que necesitas para vivir? No solo puedes soñar con ello, sino que realmente lo haces a medida que aprendes a confiar en que Dios cumplirá su promesa de que te dará lo que necesitas cada vez que estés haciendo su voluntad. Dios es el que te paga, y Él es generoso y siempre llega a tiempo. Él siempre ha cuidado bien de aquellos que cuidan bien de sus asuntos.

Estudio 10

PAN DURO

David estaba oficialmente huyendo, un fugitivo, y su único delito fue tener éxito y servir al rey y a su pueblo con distinción. Su caída fue su éxito y no tuvo más remedio que correr para salvar su vida mientras Saúl buscaba eliminar a su rival al trono. David había disfrutado de un éxito que desmentía su edad, porque todavía era un joven que tenía mucho que madurar. No podemos culpar a David por ser joven e inexperto, y el único "remedio" era que pasara por algunas cosas que lo prepararían para servir como el rey para el que fue ungido. En este capitulo, examinemos lo que sucedió cuando comenzó su vida huyendo, con Saúl persiguiéndolo.

PAN Y ESPADA

La primera necesidad de David cuando huyó fue algo de comida para él y sus compañeros:

> Cuando David llegó a Nob, fue a ver al sacerdote Ajimélec, quien al encontrarse con David se puso nervioso.—¿Por qué vienes solo?—preguntó—. ¿Cómo es que nadie te acompaña? David respondió:

—Vengo por orden del rey, pero nadie debe saber a qué me ha enviado ni cuál es esa orden. En cuanto a mis hombres, ya les he indicado dónde encontrarnos. ¿Qué provisiones tienes a mano? Dame unos cinco panes o algo más que tengas (1 Samuel 21:1-3).

El sacerdote solo tenía los doce panes de la semana de la Presencia que los sacerdotes comían como su alimento. Eso nos dice que la cohorte viajera de David era pequeña, porque 12 panes no alimentarían a muchos por mucho tiempo. Entonces David dirigió su atención a otra necesidad que tenía:

David preguntó a Ajimélec:—"¿No tienes a la mano una lanza o una espada? Tan urgente era el encargo del rey que no alcancé a tomar mi espada ni mis otras armas. El sacerdote respondió:—Aquí tengo la espada del filisteo Goliat, a quien mataste en el valle de Elá. Está detrás del efod, envuelta en un paño. Puedes llevártela, si quieres. Otras armas no tengo.—Dámela —dijo David—. ¡Es la mejor que podrías ofrecerme!" (1 Samuel 21:8-9).

En algún momento, el trofeo del triunfo más notable de David, la espada de Goliat, había terminado en posesión de los sacerdotes. Si David no tenía una espada, entonces es dudoso que alguno de sus compañeros de viaje también la tuviera. Así que allí estaba el ungido de Dios, comenzando su viaje de supervivencia sin comida ni armas. Su dotación era pan duro y una espada de gran tamaño, mientras que el enloquecido rey Saúl se sentaba en el palacio con un gran ejército y toda la comida que quería.

LA PROVISIÓN DE DIOS

David mintió a los sacerdotes sobre por qué estaba huyendo, y finalmente les costó la vida cuando Saúl vino a llamarlos y los acusó de albergar a su yerno criminal. Esto indica que David estaba confundido y temeroso, todavía tratando de averiguar qué había hecho para merecer tal trato, mientras también se preguntaba cómo iba a sobrevivir. Es posible que estés pensando lo mismo mientras persigues tu propósito.

Sin embargo, en medio de su pánico, Dios le mostró la razón de su dilema, y no era algo que hubiera hecho mal, sino algo que había hecho bien: su victoria sobre Goliat. La fe de David lo había llevado a donde estaba (porque fue su fe la que había ganado la batalla con el gigante y le había dado gran fama). Cuando se le presentó la espada de Goliat, se le recordó que la fe era lo que lo llevaría al trono que Dios le había prometido.

Tal vez te encuentres en una situación difícil en este momento. Te lanzaste con la mejor de las intenciones para cumplir tu propósito creativo y hacer la voluntad de Dios. Como lo has hecho, el enemigo de tu alma, que no pudo apartarte de tu propósito, ahora está tratando de impedirte que lo logres. Él ha creado lo que yo llamo "terrorismo económico" para causarles pánico y correr de regreso a la comodidad de lo que solían tener. Tus amigos parecen haber desaparecido y solo estás tú y Dios.

En el próximo capítulo, seguiremos analizando este concepto de terrorismo económico, pero por ahora, ¿estás comiendo pan duro y te preguntas cómo vas a llegar a fin de mes? Si es así, no eres el primero en la historia en estar en un lugar así. Dios está construyendo algo bueno en ti, pero por ahora, es posible que te preguntes qué hacer y a dónde ir mientras lidias con tu falta. Piensa en esto durante los próximos días y te prometo tocar este tema en otros capítulos para brindarte algunos consejos sobre el camino a seguir a través de sus tiempos económicos difíciles.

ESTUDIO 11

SIN PAJA, MÁS LADRILLOS

En el capítulo anterior, introduje la frase "terrorismo económico" y prometí compartir más sobre ella. Para comenzar, veamos al pueblo de Dios en Egipto bajo el dominio del Faraón. Cuando Moisés le anunció al faraón que era hora de que el pueblo de Dios se fuera, al faraón no le gustó lo que escuchó. Egipto y su economía dependían de la esclavitud de Israel para hacer ladrillos y edificios, y el faraón no estaba dispuesto a dejar ir al pueblo. Así que hizo algo para hacerles la vida aún más difícil de lo que habían sido antes de que apareciera Moisés:

> Por tanto, dirás a los hijos de Israel: "Yo soy JEHOVÁ; y yo os sacaré de debajo de las tareas pesadas de Egipto, y os libraré de su servidumbre, y os redimiré con brazo extendido, y con juicios grandes; y os tomaré por mi pueblo y seré vuestro Dios; y vosotros sabréis que yo soy Jehová

vuestro Dios, que os sacó de debajo de las tareas pesadas de Egipto. Y os meteré en la tierra por la cual alcé mi mano jurando que la daría a Abraham, a Isaac y a Jacob; y yo os la daré por heredad. Yo JEHOVÁ. De esta manera habló Moisés a los hijos de Israel; pero ellos no escuchaban a Moisés a causa de la congoja de espíritu, y de la dura servidumbre" (Éxodo 6:6-9).

El faraón estaba tratando de intimidar a sus esclavos y hacerles creer que su libertad era inalcanzable o que solo podía ocurrir con su permiso. Aumentó la presión para que trabajaran más tiempo y más duro para obtener los mismos resultados y tuvieran menos tiempo para cualquier otra cosa que no fuera lo que él quería que hicieran.

He encontrado esta misma dinámica en funcionamiento en algunos que deciden cumplir su propósito. Después de tomar esa decisión, comienzan a suceder cosas que no pueden explicar. Su automóvil necesita reparaciones importantes, tienen un revés financiero inesperado o incluso pierden su trabajo. A menudo, esto hace que concluyan: "Tal vez este no sea el momento adecuado", y luego posponen o incluso abandonan su sueño de propósito creativo.

TERRORISMO ECONÓMICO

Me refiero a las acciones del faraón como una forma de *terrorismo económico*. Se hizo para infundir miedo en los corazones del pueblo de Dios y para distraerlos de la voluntad de Dios. Parece que si el enemigo no puede mantenerte alejado de tu propósito, intentará matarte de hambre o asustarte para que abandones tu búsqueda. Casi todas las personas que conozco que persiguen un propósito, incluyéndome a mí, han pasado por momentos económicos difíciles. La tentación es renunciar, pero a menudo ese no es el momento de renunciar, sino de seguir adelante. Déjame explicarte por qué.

Dios permite que esto suceda para prepararte para tu futuro, para probar si tomaste una decisión seria y 'vas con todo'. Las luchas pueden hacerte más fuerte y resistente. Los tiempos de vacas flacas tienen una forma de impartir lecciones importantes que necesitarás más adelante, lecciones que te enseñan la realidad de esta verdad:

> "Y os humilló, y os dio hambre, y os alimentó con maná, que vosotros no conocíais, ni vuestros padres conocieron, para haceros saber que no solo de pan vive el hombre, sino que de toda palabra que sale de la boca del Señor vive el hombre" (Deuteronomio 8:3).

Conozco a muchos que se enfrentaron al terrorismo y lograron vencerlo de la mano del propósito. Estoy entre los que lo hicieron, así que sé lo que escribo. Si estás en medio del terrorismo económico, espera. ¡La ayuda está en camino! El desafío es que no sabes exactamente cuándo llegará la ayuda. Así que tómalo un día a la vez, agradece a Dios por lo que tienes, visualiza días mejores y haz todo lo posible para superarlo. Hagas lo que hagas, no pierdas de vista tu propósito, porque esa visión te llevará hasta el final, porque tu propósito es la voluntad de Dios para tu vida.

Estudio 12

No Retrocedas

Una vez le pregunté a alguien a quien asesoraba: "¿De qué tienes miedo?". Su respuesta fue rápida y segura: "¡Nada!". Y era una afirmación muy cierta, porque esa mujer no hacía nada que justificara el miedo. Había controlado su vida hasta tal punto que, en cuanto sentía miedo, se retraía y volvía a su zona de confort. Es más, convenientemente involucró a Dios en el proceso, diciendo que nunca era el momento adecuado o que el Señor no la había liberado para hacer nada más allá de lo que estaba haciendo.

¿Eres como esta mujer? Quizás todos lo somos en cierta medida. Veamos en este estudio qué puedes hacer si alguna vez te encuentras sin más opciones que dar el paso, solo para encontrarte con miedo y riesgo de fracasar.

NO TENGAS PÁNICO

En el último estudio vimos cómo el Faraón ordenó a los israelitas que continuaran con su trabajo de fabricación de ladrillos sin que se les proporcionara paja. Identifiqué esto como terrorismo económico, algo que muchos enfrentan al salir a cumplir su propósito. A partir de ese momento, Moisés y el Faraón se vieron envueltos en una lucha por la libertad del pueblo de Dios, que finalmente se logró después de la noche de Pascua, cuando los primogénitos de todos los egipcios fueron asesinados.

Sin embargo, la historia no terminó ahí. Después de eso, Israel salió de Egipto y se dirigió a la Tierra Prometida. El Faraón reconsideró su decisión de dejar ir al pueblo y reunió a su ejército, partiendo en persecución de sus antiguos esclavos. ¿Qué hizo el pueblo? Clamaron a Moisés y a Dios:

> Y cuando Faraón se hubo acercado, los hijos de Israel alzaron sus ojos, y he aquí que los egipcios venían tras ellos; por lo que los hijos de Israel temieron en gran manera, y clamaron a Jehová. Y dijeron a Moisés: "¿No había sepulcros en Egipto, que nos has sacado para que muramos en el desierto? ¿Por qué has hecho así con nosotros, que nos has sacado de Egipto? ¿No es esto lo que te hablamos en Egipto, diciendo: Déjanos servir a los egipcios? Porque mejor nos fuera servir a los egipcios, que morir nosotros en el desierto" (Exodus 14:10-12).

El pueblo entró en pánico y estaba listo para volver a la esclavitud de Egipto.

NO REGRESES

¿Ves la aplicación de esto en tu propia vida y trabajo? Si el terrorismo económico no te impide encontrar un propósito y escapas de sus garras, el miedo y la intimidación pueden llegar como una inundación y amenazar con arrastrarte. Toda la evidencia te ayuda a tener pensamientos como: "¡Nos moriremos de hambre! ¡No pagaremos la hipoteca! ¡La gente se reirá! ¡Perderemos nuestro seguro médico!". Cuando eso sucede, ¿qué puedes hacer? En ese momento, necesitas enfrentar el miedo y la intimidación y hacer lo que Moisés le dijo al pueblo:

> Y Moisés dijo al pueblo: "No temáis; estad firmes, y ved la salvación que Jehová hará hoy con vosotros; porque los egipcios que hoy habéis visto, nunca más para siempre los veréis. Jehová peleará por vosotros, y vosotros estaréis tranquilos" (Éxodo 14:13-14).

Lo último que quieres hacer cuando tienes miedo e intimidado es no hacer nada, pero ese puede ser el mejor consejo y la mejor acción que puedas tomar. Cuando no puedas hacer una diferencia, ¿por qué no ponerla en manos de Aquel que sí puede? Y no hay mejor asesor financiero, agente comercial o miembro de la junta directiva que el Señor mismo.

Así que, si enfrentas una presión financiera extrema y todo en ti quiere rendirte y "volver" a lo que estabas haciendo, no lo hagas. No niegues la realidad de tu situación, pero tampoco niegues el poder de Dios para superarla. Hoy quizás simplemente necesites descansar en el poder de tu propósito, un propósito que Dios mismo te ha asignado. Y sabemos que donde Dios guía, Él provee, y donde está la voluntad de Dios, está el respaldo financiero de Dios.

ESTUDIO 13
NO TE RINDAS

¿Alguna vez te has enfrentado a lo que considerabas una situación desesperada? ¿Te enfrentas a uno ahora? En los últimos capítulos, hemos analizado el papel de las dificultades económicas como un medio para asustarte de tu propósito o para refinarte en el camino. Esta semana quiero continuar con ese tema y mirar a una mujer que había perdido la esperanza, que estaba lista para irse a casa y morir. Si estás a punto de rendirte, sigue leyendo. Si aún no te enfrentas a ese escenario, sigue leyendo de todos modos, porque es posible que algún día te enfrentes a ese tipo de desesperanza.

UNOS CUANTOS TROZOS DE LEÑA

El Señor envió al profeta Elías a una mujer en 1 Reyes 17 durante una hambruna. La mujer aún no lo sabía, pero iba a alimentar a Elías durante la sequía y, al alimentar a Elías, también alimentaría a su familia. A veces Dios quiere que seas generoso cuando todo en ti dice que eso no es posible.

Entonces Elías se encontró cara a cara con la mujer y le pidió de beber. Sabemos que ella era generosa de corazón, porque le dio al hombre un poco de agua a pesar de que había una sequía severa. Entonces Elías le pidió pan. Cuando lo hizo, esto fue lo que ella dijo:

> Pero ella respondió: "Vive el Señor tu Dios, que no tengo pan, solo tengo un puñado de harina en la tinaja y un poco de aceite en la vasija y estoy recogiendo unos trozos de leña para entrar y prepararlo para mí y para mi hijo, para que comamos y muramos" (1 Reyes 17:12).

Esta mujer decía: "Se acabó. Las cosas no podían empeorar. La muerte es el siguiente paso". Sin embargo, Elías le dijo que había visto lo peor y que las cosas iban a mejorar:

> Entonces Elías le dijo: "No temas; ve, haz como has dicho, pero primero hazme una pequeña torta de eso y tráemela; después harás para ti y para tu hijo". Porque así dice el Señor, Dios de Israel: "No se acabará la harina en la tinaja ni se agotará el aceite en la vasija, hasta el día en que el Señor mande lluvia sobre la faz de la tierra" (1 Reyes 17:13-14).

Y eso es exactamente lo que sucedió. Esa mujer pasó de tener unos pocos palos y un pedazo de pan a un suministro interminable para ella, su hijo y el profeta.

MENTALIDAD DE ESCASEZ

Cuando las cosas han sido difíciles, naturalmente cambias al modo de supervivencia. Esta mujer solo estaba tratando de sobrevivir y se había quedado sin esperanza de eso. La idea de prosperidad estaba fuera de discusión. Sin embargo, su avance estaba a solo un momento de distancia. Es más, su avance puede ser solo un encuentro casual, una llamada telefónica o una idea de distancia también.

Fíjate que Elías el Profeta le dijo a la mujer lo que Moisés les dijo a los israelitas en la lección pasada: ¡No temáis! El miedo te paralizará en una crisis y necesitas toda tu creatividad y esperanza para superar los momentos difíciles. Los tiempos difíciles vienen para demostrar que Dios es fiel y para hacerte resistente y esperanzado, no en tus propios esfuerzos o ideas, sino en Dios.

Si no te enfrentas a este tipo de desesperanza, entonces tal vez conozcas a alguien que sí lo esté. Es posible que desees comprarle una copia de este libro. Si es así, no te aconsejo que ignores la gravedad de tu situación. Les exhorto, sin embargo, a no perder la esperanza, incluso cuando su razón de esperanza está totalmente oscurecida. Diga lo que Job dijo: "Aunque Él me mate, en Él esperaré; pero defenderé mis caminos delante de Él" (Job 13:15). Y luego seguir siguiendo. Entonces, espero que algún día escribas tu historia y me la envíes para que se animen otros que sienten que todo lo que tienen son unos pocos trozos de leña entre ellos y el fracaso total.

Estudio 14

Sigue Vertiendo

¿Alguna vez te has enfrentado a una presión económica que casi te paralizó? ¿Estabas en una situación tan desesperada que no sabías qué hacer a continuación? En 2001, me enfrenté a una transición importante en mi vida cuando comencé PurposeQuest International (búsqueda de propósito internacional). La presión era tan grande que había días en los que no hacía nada más que tumbarme en el sofá. No teníamos dinero, yo no tenía un negocio adicional, y no siempre estaba seguro de qué hacer a continuación o si lo lograríamos.

Estaba experimentando lo que he llegado a llamar 'terrorismo económico', y estaba pasando por ello para poner a prueba mi determinación. ¿Estaba totalmente comprometido con mi propósito o volvería corriendo con miedo a lo que había estado haciendo, a lo que sabía? ¿Seguiría escribiendo y creando cuando no hubiera nadie alrededor para comprar o incluso prestar atención a lo que estaba haciendo?

Si te enfrentas a algo así o lo has enfrentado, entonces tal vez puedas identificarte. Si no lo has hecho, es posible que desees seguir leyendo y luego archivarlo para usarlo en el futuro, en caso de que lo necesites, y es probable que en tu búsqueda de propósito te enfrentes a este tipo de presión en un momento u otro.

MÁS VASIJAS

En 2 Reyes 4, el profeta Eliseo conoció a una viuda que también estaba en tiempos desesperados. Estaba tan endeudada que temía perder a sus hijos a manos de sus acreedores. Eliseo no oró por ella ni le prestó dinero. En cambio, le dio un extraño consejo. Le dijo que fuera a recoger tantas vasijas y recipientes como fuera posible. Una vez hecho esto, debía ir a su casa, cerrar la puerta y empezar a verter el aceite que tenía en esas vasijas. Esto es lo que sucedió a continuación:

> Y se fue la mujer, y cerró la puerta encerrándose ella y sus hijos; y ellos le traían las vasijas, y ella echaba del aceite. Cuando las vasijas estuvieron llenas, dijo a un hijo suyo: Tráeme aún otras vasijas. Y él dijo: "No hay más vasijas. Entonces cesó el aceite. Vino ella luego, y lo contó al varón de Dios, el cual dijo: Ve y vende el aceite, y paga a tus acreedores; y tú y tus hijos vivid de lo que quede" (2 Reyes 4:5-7).

¿Crees que las mujeres desearon en ese momento que ella hubiera reunido más tinajas para contener aceite? Lo que quiero decir es que aún debes operar con fe incluso cuando los tiempos son desesperados. Más aún, debes hacer cosas que sean consistentes no con dónde estás ahora, sino con dónde estarás cuando llegue tu gran oportunidad.

MIS VASIJAS

Cuando pasé por mi momento de desesperación, apenas podía funcionar, pero tuve que levantarme del sofá y escribir. Tuve que preparar seminarios y enseñanzas para nadie en particular, por que no tenía clientes. Tuve que tomar decisiones financieras para el futuro cuando no tenía dinero ese día. Es más, me sentí dirigido a regalar cosas a los demás cuando mis propias necesidades eran críticas.

Fue durante esta temporada que comencé a escribir el *Memo del Lunes* y a regalarlo (comencé en 2001 y noten que este escrito es el número 1,215 hasta hoy). Poco después, comencé a enviar mis estudios bíblicos semanales de forma gratuita a cualquiera que lo quisiera. Diseñé un sitio web y comprometí dinero para su desarrollo, dinero que no tenía sin ninguna promesa de retorno. Hice un viaje a África solo para declarar a los principados y potestades, y probablemente también a mí mismo, que si Dios quería que estuviera allí, iba a encontrar la manera de estar allí.

Ahora, cuando miro hacia atrás, hice lo que esta mujer hizo hace muchos siglos: seguí vertiendo lo poco que tenía y Dios siguió proveyendo más. Hoy estoy enseñando lo que desarrollé en esos tiempos oscuros, confusos e inciertos. Me dirijo a miles de personas cada año en todo el mundo de forma presencial y en línea, y les aconsejo con cosas sobre las que leí y estudié cuando mi presión casi me dejó indefenso y sin esperanza. He escrito 100 libros que ahora están en varios idiomas. Hay una escuela, una biblioteca y un centro juvenil que llevan mi nombre en Kenia.

TUS VASIJAS

¿Y tú? ¿Es hora de desesperarse y darse por vencido, o es hora de juntar algunas vasijas más y comenzar a servir? Tu situación puede ser crítica, pero te insto a que pienses y actúes como si no lo fuera. Te pido que hagas lo que solo Dios puede ayudarte a hacer: actuar hoy como si tu avance ya estuviera aquí, aunque la evidencia diga lo contrario.

Si puedes hacer esto, entonces cuando llegue tu ascenso o promoción, y llegará, tendrás suficientes vasijas (lo que sea que eso represente para ti) para contener las bendiciones que están reservadas para cada siervo(a) de Dios con propósito. Si yo sobreviví a mi época oscura, tú también lo harás. Cuando todo termine, te alegrarás de haber tenido suficientes vasijas y no haber dejado de verter.

Estudio 15

Tu Cheque de Pago

Cuando lidero seminarios de propósito, que por cierto podría hacer todos los días si tuviera la oportunidad, a veces hago esta declaración: "Jesús nunca reclutó a nadie para un puesto remunerado en el ministerio. Reclutó a personas para cumplir su propósito, y prometió estar con ellos sin importar a dónde fueran o lo que hicieran". Veamos esa afirmación más de cerca.

Jesús no se acercó a sus discípulos y les dijo: "Hombres, tengo un trabajo para ustedes, y es ser pescadores de hombres. Ahora, te pagaré una cierta cantidad, más beneficios, por tus esfuerzos. Tendrás dos semanas libres cada seis meses, y reservaré una cierta cantidad para tu jubilación". Jesús no explicó completamente cómo cuidaría de los hombres, pero sí prometió hacerlo.

El problema que la gente me plantea cuando hablo de esto es: "Eso es porque los discípulos estaban en el ministerio, y así es como deben vivir las personas en el ministerio. ¡Pero soy carpintero o maestro o enfermero, y necesito que me paguen!" Eso, amigos míos, es el meollo del asunto (quid de la cuestión), ¿no es así? ¿Tiene Dios el derecho de pedirte que trabajes en *cualquier* trabajo y confiar en Él para que te provea de otra fuente?

UN OBRERO ES DIGNO...

Permítanme darles algunos ejemplos. A menudo me reúno con personas para entrenarlas y aconsejarlas en lo que respecta al propósito. No les cobro nada por hacerlo y la mayoría de las veces, no se ofrecen a pagar. Dios me los ha enviado y, en cierto sentido, estoy desempeñando un papel pastoral en ese momento, que es la voluntad de Dios para mí. Otro ejemplo es que he completado un comentario completo sobre el Nuevo Testamento, versículo por versículo. No podía escapar al hecho de que tenía que editarlo y publicarlo en su totalidad, los doce volúmenes.

Esa era mi obra que Dios me había asignado hacer. Nadie me pagaba por hacer eso, y no había garantías de ventas para apoyarme. Sin embargo, Dios me proveyó para trabajar en ese proyecto de otras maneras, y sentí Su placer al hacerlo. Dios me ha reclutado para escribir y publicar, y ha prometido cuidar de mí como lo hago. Hasta ahora, todas las facturas están pagadas, se está ahorrando dinero, los beneficios de salud están cubiertos y me queda dinero para regalar. ¿Soy yo la excepción o la regla en lo que concierne a este asunto de la provisión de Dios?

En algún momento de la discusión, las personas a menudo citan el versículo que dice que el obrero es digno de su salario (ver Lucas 10:7 y 1 Timoteo 5:18), y por supuesto ese principio es cierto. Un trabajador debe ser pagado por cualquier entidad que se beneficie de sus esfuerzos. Pero, ¿no es ese versículo también una promesa acerca de la fidelidad de Dios? Si Dios te "contrata" para hacer algo, ¿no será Él fiel a Su propia promesa y, como tu empleador, se asegurará de que te cuiden, tal vez de fuentes que no conoces o que no esperas provisión?

La gente suele decirme: "Tengo una familia que alimentar y mantener", a lo que yo respondo: "Oh, ¿así que *eres tú* quien debe cuidar de tu familia? ¿Dios no tiene ningún papel en el proceso?" ¿Cree usted que es más difícil para Dios proveer para una familia de cinco que para una persona? ¿Crees que Dios necesita una compañía para hacer eso? ¿Crees que Dios necesita que trabajes en una empresa para hacer eso?

Dios puede *usar* una compañía para alimentarte a ti y a los tuyos, pero Dios no *necesita* una para alimentarte a todos. Y en última instancia, ¿quién es la verdadera fuente de la provisión, Dios usando a la compañía o la compañía misma? Y una pregunta más: ¿Está Dios limitado solo a usar su compañía para pagarle o puede proveerle de otras maneras *junto con* el pago que recibe?

JESÚS DIJO. . .

Sería bueno leer y luego reflexionar sobre las propias palabras de Jesús sobre este asunto. Pregúntate: "¿Quiso decir esto para los que están en el ministerio o para cada uno de sus seguidores?" Si Él dijo esto para todos, ¿cómo puedes aplicarlo a tu vida y obra? He compartido con ustedes cómo se aplican a los míos.

> Por tanto os digo: "No os afanéis por vuestra vida, qué habéis de comer o qué habéis

de beber; ni por vuestro cuerpo, qué habéis de vestir. ¿No es la vida más que el alimento, y el cuerpo más que el vestido? Mirad las aves del cielo, que no siembran, ni siegan, ni recogen en graneros; y vuestro Padre celestial las alimenta. ¿No valéis vosotros mucho más que ellas? ¿Y quién de vosotros podrá, por mucho que se afane, añadir a su estatura un codo? Y por el vestido, ¿por qué os afanáis? Considerad los lirios del campo, cómo crecen: no trabajan ni hilan; pero os digo, que ni aun Salomón con toda su gloria se vistió así como uno de ellos. Y si la hierba del campo que hoy es, y mañana se echa en el horno, Dios la viste así, ¿no hará mucho más a vosotros, hombres de poca fe? No os afanéis, pues, diciendo: ¿Qué comeremos, o qué beberemos, o qué vestiremos? Porque los gentiles buscan todas estas cosas; pero vuestro Padre celestial sabe que tenéis necesidad de todas estas cosas. Mas buscad primeramente el reino de Dios y su justicia, y todas estas cosas os serán añadidas. Así que, no os afanéis por el día de mañana, porque el día de mañana traerá su afán. Basta a cada día su propio mal" (Mateo 6:25-34).

¿Necesita ajustar tu forma de pensar en lo que respecta a su provisión? Sí, tu empresa te paga como debería, pero en última instancia es Dios quien los está usando para proveerle. Por lo tanto, puedes poner tu confianza en Él para proveer con o sin la compañía. Eso significa que puedes aceptar cualquier obra que Él te haya dado para hacer y confiar en que Él, como tu empleador, se asegurará de proveer como lo prometió, incluso si tiene que usar medios inusuales para hacerlo, medios que demuestren que *Él* es tu fuente en cada situación.

Estudio 16

Unos Pocos Pájaros y un Arroyo

Hay una parábola moderna titulada "¿Quién se ha llevado mi queso?" que cuenta la historia de unos ratones que vivían en un laberinto. Todos los días aparecía queso para que comieran, y llegaron a depender de ese queso. Hasta que un día, el queso dejó de llegar. Dos de los ratones partieron a través del laberinto para encontrar queso nuevo, mientras que otros dos se quedaron, lamentando su suerte y esperando que su situación volviera a la normalidad.

Finalmente, tuvieron que salir a buscar queso, solo para encontrarse con los otros ratones que ya habían encontrado su nueva fuente. Los dos rezagados se pusieron en marcha en serio y finalmente encontraron su nuevo suministro de queso. Hay una lección en esta historia para ti mientras examinamos la conexión entre tus finanzas y tu propósito, pero no hablemos de ratones. Veamos una historia en la vida de Elías para ver una historia similar.

UN ARROYO Y ALGUNOS PÁJAROS

En un momento de su vida, la vida del profeta Elías cambió porque dejó de llover:

> Entonces Elías tisbita, que era de los moradores de Galaad, dijo a Acab: "Vive Jehová Dios de Israel, en cuya presencia estoy, que no habrá lluvia ni rocío en estos años, sino por mi palabra. Y vino a él palabra de Jehová, diciendo: Apártate de aquí, y vuélvete al oriente, y escóndete en el arroyo de Querit, que está frente al Jordán. Beberás del arroyo; y yo he mandado a los cuervos que te den allí de comer. Y él fue e hizo conforme a la palabra de Jehová; pues se fue y vivió junto al arroyo de Querit, que está frente al Jordán. Y los cuervos le traían pan y carne por la mañana, y pan y carne por la tarde; y bebía del arroyo" (1 Reyes 17:1-6).

Estoy seguro de que Elías había estado disfrutando de una rutina normal de su vida. Entonces, un día, todo cambió después de que Elías proclamó una sequía, y Dios lo envió a esconderse. No sabemos qué hizo Elías para alimentarse antes de la sequía, pero durante ella, tuvo que depender de la naturaleza para su provisión.

Su largo viaje de campamento finalmente terminó y entonces llegó el momento de que él pasara a su próxima aventura ministerial. Probablemente estuvo escondido durante dos años y para entonces, me imagino que Elías se había acostumbrado a este nuevo arreglo. ¿Cómo supo que era hora de seguir adelante? Lo supo porque el arroyo dejó de correr y los pájaros dejaron de venir:

> Pasados algunos días, se secó el arroyo, porque no había llovido sobre la tierra. Vino luego a él palabra de Jehová, diciendo: "Levántate, vete a Sarepta de Sidón, y mora allí; he aquí yo he dado orden allí a una mujer viuda que te sustente" (1 Reyes 17:7-9).

ES HORA DE SEGUIR ADELANTE

¿Qué usó Dios para indicar que era hora de que Elías el Profeta siguiera adelante? Usó las circunstancias básicas de la vida, incluyendo la forma en que Dios proveyó para él, para que Elías supiera con certeza que era la voluntad de Dios. Elías pudo haber esperado, no queriendo adelantarse al Señor. Podría haber orado para que el arroyo y los pájaros reanudaran sus tareas diarias de cuidado. En cambio, Elías el Profeta obedeció y siguió adelante porque las lecciones que había aprendido sobre la capacidad de Dios para proveer necesitaban ser compartidas con alguien más, siendo la otra persona la viuda que discutimos en un estudio anterior. Elías el Profeta podía confiar en el Señor para la provisión de la mujer en medio de una emergencia nacional porque había aprendido a confiar en los suyos; había visto la fidelidad de Dios de primera mano.

Dios promete proveer para ti, pero no especificó cómo sucedería eso. No hay garantía de que la forma en que Él ha provisto en el pasado sea la forma en que lo hará hoy o en el futuro. **¿Tu arroyo**

ha dejado de correr o tus pájaros han dejado de hacer sus entregas diarias? ¿Estás en modo de pánico, tratando de darle sentido a este último cambio en la provisión de Dios? ¿Estás esperando que Dios provea como lo ha hecho en el pasado, o estás abierto a que Él haga algo nuevo? ¿Estás abierto a hacer algo nuevo? ¿Estás dispuesto a pasar a tu siguiente propósito?

Hay días en que Él te alimenta junto al arroyo y hay días que provee a través de la viuda. En ambos casos, es el mismo Dios quien está usando tus finanzas para guiarte y guiarte. Independientemente de los medios que Él use, Él fue y siempre será tu Proveedor, y puedes confiar en Aquel que detiene la lluvia y seca el arroyo para cumplir Su promesa para ti. Y una vez que hayas aprendido a hacerlo, Él quiere que animes a otros que recién están aprendiendo esa lección.

Estudio 17

VENDRÁ

A menudo, cuando entreno a las personas para que encuentren su propósito, harán una declaración: "Simplemente no puedo dejar mi trabajo para hacer lo que amo". Es interesante porque la mayoría de las veces nunca había mencionado renunciar a su trabajo. Sabiendo que estaban haciendo algo que no les gustaba para ganar un salario, llegaron a la conclusión de que su único propósito era dejar de hacer inmediatamente lo que no les gustaba para tener la oportunidad de hacer lo que les gustaba.

Es más, su miedo a un futuro desconocido los llevó a crear un escenario tan extremo que nadie, ni siquiera el Señor, podía o quería esperar que pasaran de un sueldo regular a una vida de fe, o eso pensaban. Por lo tanto, se excusaron de cualquier consideración adicional sobre las formas de comprometer su propósito, porque en su mente, es una especie de cosa de todo o nada: o trabajaron en su trabajo o en su propósito. Después de eso, traté de sacarlos de la cornisa de saltar a un pensamiento tan extremo para considerar el asunto desde una perspectiva diferente.

REINO DE LOS SACERDOTES

Cuando Josué estaba dirigiendo la distribución de tierras a las tribus, vemos que se menciona dos veces que una tribu no obtuvo tierras:

> Moisés no asignó ninguna porción de tierra a los de la tribu de Leví. En cambio, como el Señor les había prometido, su porción provenía de las ofrendas quemadas en el altar del Señor, Dios de Israel. . . . Sin embargo, Moisés no dio ninguna porción de tierra a la tribu de Leví, porque el Señor, Dios de Israel, había prometido que él mismo sería su porción (Josué 13:14, 33).

Los levitas no recibieron ninguna tierra porque debían servir al Señor y al pueblo en Su lugar santo y debían vivir de las ofrendas del pueblo. Esto se debe a que el Señor y Su servicio eran su porción, como Jeremías declaró: "Me digo: '*El Señor es mi herencia*, por lo tanto, ¡esperaré en él!'" (Lamentaciones 3:24, cursiva agregada). Más adelante en el libro de Josué aprendemos que Dios también les dio ciudades en las cuales vivir dentro de las fronteras del territorio de cada tribu.

Jesús también era sacerdote y les dijo a sus discípulos: "Entonces Jesús explicó: Mi alimento consiste en hacer la voluntad de Dios, quien me envió, y en terminar su obra" (Juan 4:34). Ahora somos un reino de sacerdotes y el Señor también es nuestra porción y nuestro "alimento" es hacer Su voluntad. Y la forma en que el Señor escoge proveer para ti es asunto de Él. Solo tienes que enfocarte en Su promesa de que Él proveerá para que puedas, como los levitas, servirle a Él y a la gente. Y eso no solo se refiere al "ministerio", porque cuántas veces has escuchado y tal vez incluso dicho que no importa lo que estés haciendo, es ministerio, incluso si estás trabajando para una empresa secular.

SIN TRABAJO, SIN COMIDA

Por supuesto, debemos trabajar y no vivir de otras personas. Pablo nos advirtió en 1 Timoteo 5:8: "porque si alguno no provee para los suyos, y mayormente para los de su casa, ha negado la fe, y es peor que un incrédulo". Sin embargo, ¿no somos parte de la familia de Dios? Entonces, ¿no está Él obligado por Sus propias palabras a proveer para Su propia familia de fe? Tu papel es trabajar; El papel de Dios es proveer. Muy sencillo.

La realidad de esta promesa que Dios proveerá debería liberarte para servir al Señor haciendo lo que amas, sabiendo que estás en la voluntad de Dios y haciendo lo que Él quiere que hagas. Desde que comencé mi ministerio en el 2001, Dios me ha provisto a través de mis escritos, publicaciones, consultoría, enseñanza, trabajo administrativo a tiempo parcial, viajes y oratorias, y donaciones a mi ministerio.

¿Ha permitido que las preocupaciones financieras limiten su expresión de propósito? ¿Ha escogido el Señor proveer para ti de maneras que no son convencionales o similares a cómo lo hace por los demás? ¿Puedes enfocarte en el hecho de que Él es tu porción y no te permitirá que te falte, y eso se aplica a tu familia y a ti en tus últimos años? Sí, he trabajado por mi paga, pero Él ha provisto de muchas maneras y pocas veces he sabido lo que vendrá después. Solo he sido testigo de que ella, mi provisión, ciertamente vendrá.

No soy nadie especial en el Reino. Si Dios ha hecho eso por mí, entonces lo hará por ti si le permites guiar tu pensamiento lejos de "todo o nada" a una mentalidad que Dios proveerá, pero es asunto suyo cómo, cuándo y a través de quién lo hace.

Estudio 18
Tu Pozo

A medida que continuamos analizando tu búsqueda de propósito y cómo el dinero influye en esa búsqueda, veamos la historia de Agar después de que Abraham la desalojó a ella y a su hijo de su hogar:

> Entonces Abraham se levantó muy de mañana, y tomó pan, y un odre de agua, y lo dio a Agar, poniéndolo sobre su hombro, y le entregó el muchacho, y la despidió. Y ella salió y anduvo errante por el desierto de Beerseba. Y le faltó el agua del odre, y echó al muchacho debajo de un arbusto, y se fue y se sentó enfrente, a distancia de un tiro de arco; porque decía: No veré cuando el muchacho muera. Y cuando ella se sentó enfrente, el muchacho alzó su voz y lloró. Y oyó Dios la voz del muchacho; y el ángel de Dios llamó a Agar desde el cielo, y le dijo: ¿Qué tienes, Agar? No temas; porque Dios ha oído la voz del muchacho en donde está. Levántate, alza al muchacho, y sostenlo con tu mano, porque yo haré de él una gran nación. Entonces Dios

le abrió los ojos, y vio una fuente de agua; y fue y llenó el odre de agua, y dio de beber al muchacho (Génesis 21:14-19).

Agar se encontró abandonada en el desierto. Todos sabemos cómo es un desierto: caluroso durante el día, frío por la noche, con poca comida o agua disponible. Agar estaba convencida de que, una vez que se les acabara el agua, su hijo estaba condenado a morir lentamente, al igual que ella. Fue en medio de su dolor que el Señor irrumpió y le habló, prometiéndole que su hijo no moriría, sino que se convertiría en una gran nación. Después de que Dios le indicó que tomara al niño de la mano, Dios le abrió los ojos y allí vio un pozo de agua. Mi pregunta es: ¿Ese pozo apareció repentina y milagrosamente del cielo, o estuvo allí todo el tiempo?

SU POZO

Mi opinión es que el pozo estuvo allí todo el tiempo, pero Agar no pudo verlo. ¿Por qué no podía verlo? Estaba ciega a su existencia debido a su pensamiento. Después de todo, estaban en el desierto donde todo el mundo sabe que no hay agua, por lo que no podía ver ni siquiera pensar en buscarla. No es que Dios tuviera que sanar sus ojos, porque no había nada físicamente malo en ellos. Dios tuvo que cambiar su forma de pensar antes de que ella pudiera ver lo que estaba justo frente a ella todo el tiempo. Y es posible que Dios tenga que hacer lo mismo por ti, es decir, cambiar tu forma de pensar.

Tal vez estés pensando que necesitas una iglesia o una empresa que cuide de ti si vas a cumplir tu propósito, y Dios puede elegir proveer a través de ellos. Sin embargo, al igual que Agar, es posible que tengas algo justo frente a ti que Dios puede usar para proveer, algo que no puedes ver.

TU POZO

Me encanta escribir desde que era un niño. Escribí mi primer libro en 1995 cuando tenía 45 años y, hasta el día de hoy, he publicado 100 libros. Cualquier autor sabe que es difícil vivir solo de la venta de sus libros. Un día me estaba quejando ante Dios de mis escasas ventas cuando Él me preguntó: "¿Quién dijo que tienes que venderlas?" Eso me abrió los ojos para ver mis libros como una herramienta ministerial que podía regalar, y Dios podía y proporcionaría el dinero para hacerlo por otros medios. Dios cambió mi forma de pensar.

Luego, en 2014, comencé mi empresa editorial, Urban Press. Desde entonces, he ayudado a 125 autores a publicar sus libros y a menudo me pagan por hacerlo. Lo que quiero decir es que gano más dinero publicando que escribiendo y vendiendo mis propios libros. Dios usó algo justo frente a mí, mi amor por la escritura, y cambió mi papel de autor a editor para satisfacer mis necesidades. Como beneficio adicional, mi hijo se ha asociado conmigo en el negocio editorial y ha sido una bendición trabajar con él.

¿Cuáles son las implicaciones de la historia de Agar y la mía para ti? ¿Dónde hay un pozo justo frente a ti pero no puedes verlo? ¿Dónde está tu pensamiento que te impide ver algo que Dios puede usar para suplir tus necesidades? ¿Dónde lo que yo llamo "pensamientos de pobreza" te han hecho estar cegado a tus riquezas en Cristo mientras persigues un propósito?

La buena noticia es que Dios quiere abrirte los ojos. Él lo hizo por Agar y ella ni siquiera pidió, así que Él lo hará por ti cuando hagas la petición: "¡Abre mis ojos, Señor, para ver lo que yo no estoy viendo!" Hay un pozo de oportunidades justo frente a ti como lo hubo para Agar, pero necesitas dejar de lamentarte o limitar tu situación y permitir que Dios abra tus ojos para ver nuevas oportunidades.

Estudio 19
CREA MÁS NECESIDAD

Hemos estado examinando la conexión entre las finanzas y tu propósito, ya que a menudo el principal obstáculo en tu búsqueda de propósito es no tener la respuesta a la pregunta: "¿Cómo voy a pagar mis facturas si solo hago lo que amo?". Sabemos que Dios puede proveer, pero a menos que sepamos la fuente exacta que Él empleará antes de usarla, es difícil confiar en que el dinero estará allí cuando sea necesario. Y cuando escribí la palabra 'necesidad', pienso en el versículo de Pablo que se cita a menudo:

> Mi Dios, pues, suplirá todo lo que os **falta** conforme a sus riquezas en gloria en Cristo Jesús (Filipenses 4:19, énfasis añadido).

Sabemos la verdad de ese versículo, pero aún así nos gustaría saber *cómo* Él proveerá. Sin ese conocimiento, tendemos a relegar el propósito a un ideal elevado con el que muchos sueñan pero pocos logran. No debería ser así.

Santiago escribió en su epístola: "Sin embargo,

no tienen lo que desean porque no se lo piden a Dios. Aun cuando se lo piden, tampoco lo reciben porque lo piden con malas intenciones: desean solamente lo que les dará placer" (Santiago 4:2b-3). Mucho antes de que Santiago escribiera lo que hizo, Jesús dijo: "Es cierto, pídanme cualquier cosa en mi nombre, ¡y yo la haré!" (Juan 14:14). Todo esto parece requerir una fe extrema, por lo que tendemos a conformarnos con una vida cotidiana mundana cuando nos espera una vida abundante. Tenemos miedo de pedir demasiado y decepcionarnos, por lo tanto, pedimos demasiado poco.

Me parece que hay dos cosas en las que enfocarse en estos versículos. Una es que Dios suplirá tus *necesidades* y no tus deseos. Si eso es cierto, entonces la clave de su provisión es crear más *necesidad*. Pero usted puede preguntar: "¿No es eso tratar de manipular a Dios?" y la respuesta es sí, en cierto modo. Pero si la *necesidad* que creas es dar fruto, que es el contexto de Juan 14, entonces Dios lo hará, Dios tiene que, proporcionar los recursos para que sirvas a los demás a través de tu propósito creativo.

La segunda cosa que veo es que tu vida de oración es la clave para tu provisión. Santiago dio a entender que si le pides a Dios lo que necesitas y no es simplemente para obtener más cosas o estatus, entonces Dios proveerá. Y dado que Dios quiere que cumplas tu propósito más de lo que lo haces, Él está obligado a proveerte lo que necesitas para hacer el trabajo.

Desde 2014, he trabajado sin un salario fijo. Cada mes, Dios provee para mis necesidades, a menudo a través de fuentes inusuales e inesperadas.

Cuando necesité cientos de miles de dólares para ayudar a construir una escuela en Kenia, Él me lo proporcionó. Cuando necesité recursos para hacer mi trabajo de capacitación de liderazgo en América del Sur, Dios proveyó. Creé la necesidad de los recursos al determinar lo que Dios quería que hiciera, lo que necesitaba hacer, antes de que llegaran los recursos. Y oh, sí, incluido en eso estaba el dinero para las necesidades de mi familia, pero no para nuestros deseos y necesidades.

¿Dónde puedes crear la *necesidad* al tratar de llevar a cabo la voluntad de Dios? ¿Por qué no probarlo en esto y ver si es capaz? Y luego, si Él lo es, ¿a dónde puede ir Ud. desde allí? ¿Qué otras *necesidades* puedes crear por las que puedas orar y ver la provisión?

Dios no se siente amenazado ni disgustado cuando Sus hijos y obreros confían en Él para lo que *necesitan* para hacer Su voluntad. Dicho esto, comienza a crear algunas necesidades de propósito y luego ora, pidiéndole a Dios que las satisfaga. Sé que Él hará por ti lo que ha hecho por mí, y eso es proveer lo que yo necesitaba para llevar a cabo las buenas obras para las que Él me ha creado.

Estudio 20
Trabaja Tu Tierra

Cada vez que me encuentro con este versículo en Proverbios, siempre pienso en un propósito y dones:

> El que labra su tierra se saciará de pan; mas el que sigue a los vagabundos es falto de entendimiento (Proverbios 12:11).

Hemos estado discutiendo cómo Dios provee para ti cuando persigues tu propósito. En el Antiguo Testamento, Dios le dio a su pueblo una herencia de tierra como mejor le pareció. Trabajaban esa tierra y era su fuente de vida e ingresos. En el Nuevo, Dios da dones espirituales y propósito creativo junto con el Espíritu Santo que les da poder. Él espera que Su pueblo "trabaje" lo que Él les da para que dé fruto.

Regresemos y miremos y veamos a las dos tribus nombradas por los hijos de José cuando entraron a la Tierra para ver qué podemos aplicar a nuestro mandato del Nuevo Testamento:

> Entonces Josué respondió a la casa de José, a Efraín y a Manasés, diciendo: "Tú eres gran pueblo, y tienes grande poder;

no tendrás una sola parte, sino que aquel monte será tuyo; pues aunque es bosque, tú lo desmontarás y lo poseerás hasta sus límites más lejanos; porque tú arrojarás al cananeo, aunque tenga carros herrados, y aunque sea fuerte" (Josué 17:17-18).

Lo que José hizo en Egipto tuvo implicaciones para su posteridad, y Dios se aseguró de que sus hijos y nietos se beneficiaran de la obediencia y el sufrimiento de José. Sin embargo, cuando llegaron a la Tierra, eran tan numerosos debido a la bendición de Dios que necesitaban más espacio que los demás. Entonces, ¿cómo manejó Josué su necesidad?

Josué les concedió más tierra, pero estaba cubierta de bosques. Por lo tanto, si querían más para satisfacer sus necesidades, iban a tener que limpiar la tierra para ellos mismos. En otras palabras, podían ser tan grandes como quisieran o necesitaran ser, pero tenían que hacer el trabajo. Tuvieron que talar los árboles; Dios y las otras tribus no iban a hacer el trabajo por ellos.

El mismo principio es cierto para ti. Si quieres un negocio más grande o un ministerio que toque a más personas, debes hacer el trabajo y limpiar tu tierra. Eso significa aumentar tu capacidad para manejar más. Eso puede significar estudiar o aprender de otros para ver cómo aumentaron su porción de lo que Dios tiene para ellos.

Esto es exactamente lo que hizo el apóstol Pablo. Dios le asignó una obra entre los gentiles y luego trabajó arduamente para visitar tantos lugares como fuera posible, establecer iglesias y luego nutrirlos para que fueran miembros saludables y en crecimiento de la iglesia mundial, funcionando mucho después de que él se fue. Esa era su "tierra" para trabajar y, fiel a Proverbios 12:11, tenía mucha comida y fruta para mostrar.

¿Dónde está tu "tierra boscosa"? ¿Qué trabajo tienes que hacer para crear más espacio para que el Reino de Dios se expanda a través de ti? ¿Cuál es tu "tierra" y la estás trabajando? ¿O estás "persiguiendo fantasías" tratando de ser alguien diferente a lo que Dios te hizo ser, o haciendo algo que genera dinero pero que no está conectado con tu propósito?

Derribar los árboles era un trabajo duro, pero una vez que se hacía, las tribus tenían espacio para vivir, crecer y dar frutos. Que Dios te muestre dónde puedes crecer en tu propio propósito y que luego puedas hacer la obra que producirá el tipo de fruto que te apoyará tanto a ti como a tu familia y a tu familia que está por venir.

Estudio 21

Trabajando para el Faraón

Durante décadas, Israel trabajó en Egipto para el rey, pero cuando Moisés apareció, el faraón se molestó y cambió sus reglas de trabajo como lo vimos en estudios anteriores:

> Y mandó Faraón aquel mismo día a los cuadrilleros del pueblo que lo tenían a su cargo, y a sus capataces, diciendo: De aquí en adelante no daréis paja al pueblo para hacer ladrillo, como hasta ahora; vayan ellos y recojan por sí mismos la paja. Y les impondréis la misma tarea de ladrillo que hacían antes, y no les disminuiréis nada; porque están ociosos, por eso levantan la voz diciendo: Vamos y ofrezcamos sacrificios a nuestro Dios. Agrávese la servidumbre sobre ellos, para que se ocupen en ella, y no atiendan a palabras mentirosas (Éxodo 5:6-9).

Dios finalmente liberó a la gente, pero más

tarde, cuando solo tenían maná para comer durante su caminata por el desierto, la gente se quejó:

> Y la gente extranjera que se mezcló con ellos tuvo un vivo deseo, y los hijos de Israel también volvieron a llorar y dijeron: ¡Quién nos diera a comer carne! Nos acordamos del pescado que comíamos en Egipto de balde, de los pepinos, los melones, los puerros, las cebollas y los ajos; y ahora nuestra alma se seca; pues nada sino este maná ven nuestros ojos (Números 11:4-6).

Escuché a un pastor decir una vez: "No importa lo bien que el Faraón te trate, al final del día, sigues siendo un pueblo oprimido que depende de los caprichos de un rey para tu provisión". Esa declaración me impactó, porque hasta ese momento de mi vida, había trabajado para otros con la esperanza de poder comer las sobras que caían de sus mesas.

Es cierto que mucha gente, la mayoría, trabaja para "otra persona". No hay nada de malo en eso. Pueden soñar con ser dueño o tener su propio negocio, pero creen que necesitan a alguien que pague su seguro médico o financie su pensión, por lo que se emplean en trabajos que les dan poco más que dinero. Dios puede usar una compañía para hacer todo eso, pero Él no la necesita. Él puede pagar por esas cosas tan fácilmente a través de tu propio trabajo como a través del trabajo que haces para otro.

El problema, sin embargo, es que la transición de trabajar para otros a trabajar para uno mismo puede ser difícil. En el camino a la Tierra

Prometida, Israel se cansó del maná y olvidó sus condiciones opresivas en Egipto porque al menos allí podían comer alimentos familiares a su antojo. Dios tenía algo mejor en mente para ellos, pero tenían que atravesar el desierto para llegar a la tierra que manaba leche y miel.

Hace más de veinte años, fundé mi propia empresa, en realidad dos empresas. Desde entonces, Dios ha provisto a través de múltiples fuentes de ingresos: donaciones, consultoría, venta de libros, discursos, enseñanza y publicaciones. Ha habido tiempos de vacas flacas, pero la libertad de seguir mi propósito y no tener que complacer al faraón ha valido la pena. Y Dios ha sido el que ha financiado mi jubilación (si es que eso alguna vez sucede) y mi seguro médico en el camino.

¿Tienes un sueño que está relacionado con el propósito de tu vida en cuanto a cómo lo expresarás? ¿Qué te impide perseguirlo si requiere que inicies un negocio? Si se trata de dinero, ten en cuenta que incluso si tienes un Faraón en tu vida, Dios es el que provee a través de esa persona o empresa.

Cuando comienzas tu propio negocio, nada ha cambiado realmente, porque Dios era tu proveedor antes de que lo comenzaras y Él continuará desempeñando ese papel. Dios simplemente está cambiando la forma en que provee, pero sigue siendo Él quien supervisa ese proceso. Y puedes estar seguro de que Él puede proporcionarte "puerros y ajos" sin importar dónde vivas y cómo elijas expresar tu propósito.

ESTUDIO 22
EL SALARIO CORRECTO

Jesús contó una parábola que se refería a la llegada de los gentiles al Reino de Dios junto con los judíos, y usó estas palabras para comenzar la parábola:

> "Porque el reino de los cielos es semejante a un hombre, padre de familia, que salió por la mañana a contratar obreros para su viña. Y habiendo convenido con los obreros en un denario al día, los envió a su viña. Saliendo cerca de la hora tercera del día, vio a otros que estaban en la plaza desocupados; y les dijo: "Id también vosotros a mi viña, y os daré lo que sea justo. Y ellos fueron" (Mateo 20:1-4).

Estoy usando este pasaje debido a la redacción, porque Jesús dijo que el dueño de la tierra, que representa a Dios, envía a los trabajadores a la viña (que es el Reino) y promete pagarles lo que es "justo". Obviamente los obreros confían en el terrateniente, porque van a trabajar.

Más adelante en la historia, se quejan de

que los que llegaron más tarde en el día recibieron el mismo pago, pero esa lección es para otro momento. El punto aquí es que la historia se basa en la credibilidad del terrateniente de que cumpliría y podría cumplir su promesa de pagar. Esa es exactamente la misma premisa que ha sido la base de este libro sobre *Provisión Llena de Propósito*. Déjame explicarte.

A lo largo de estas lecciones, has visto que Dios es quien te paga, no tu compañía, ministerio o superintendente. Tu trabajo no es una asignación profesional o de carrera, sino más bien un aspecto de la asignación del reino de Dios para tu vida. Vas a donde Él quiere que vayas y, mientras estás allí, modelas y sigues las reglas del Reino mientras trabajas.

A cambio de tu servicio a Él, el Rey se compromete a pagarte y utiliza tu compañía o ministerio para hacerlo. Por lo tanto, no es la generosidad o la fidelidad de la organización lo que te paga; es el Rey o Dios mismo quien lo hace. Y Él promete pagarte lo que es "correcto", pero es Su prerrogativa determinar qué es eso.

Entonces, ¿para quién trabajas? ¿Quién paga en última instancia las facturas y proporciona la comida para ti y tu familia? Es Dios. **¿Quién te contrató?** Dios lo hizo. **¿Quién fija el salario que recibes?** Dios lo hace. Esto es importante porque cuando estableces eso en tu mente, puedes ir a donde Dios te envíe. El dinero no es el problema; La promesa de Dios es el problema. Puedes estar seguro de que Él es el quien te paga y puede usar o no usar dónde y para quién estás trabajando para cubrir tus necesidades. Él puede complementar tus ingresos a través de otros medios milagrosos.

Esta verdad te hace libre para ser el agente de Dios que no es a sueldo, al menos no por la entidad terrenal que te emplea. Dios es tu empleador y dueño de la nómina, y promete pagarte lo que es justo. Jesús estableció claramente los términos para cada obrero del Reino cuando dijo en Mateo 6:33: "Mas buscad primeramente el reino de Dios y su justicia, y todas estas cosas [alimento, vestido, abrigo, transporte] os serán añadidas. os serán *dadas* [no ganadas] a vosotros asimismo" (énfasis añadido). Si estás buscando el Reino, entonces esta promesa es tuya para reclamar independientemente de la línea de trabajo en la que te encuentres.

Estudio 23

¿Para Quién Trabajas?

A lo largo de los años, he escuchado a muchas personas citar, o debería decir citar mal, la Biblia de que "si no trabajas, no comes". Interpretaron que esto significaba que tenían que "conseguir un trabajo" para que les pagaran y poder comer. Veamos la redacción exacta y el contexto a lo que se referían.

> Porque también cuando estábamos con vosotros, os ordenábamos esto: Si alguno no quiere trabajar, tampoco coma. Porque oímos que algunos de entre vosotros andan desordenadamente, no trabajando en nada, sino entremetiéndose en lo ajeno. A los tales mandamos y exhortamos por nuestro Señor Jesucristo, que trabajando sosegadamente, coman su propio pan (2 Tesalonicenses 3:10-12).

Parece que Pablo estaba escribiendo a una iglesia donde algunas personas se negaban a trabajar, en lugar de esperar que otros creyentes se ocuparan de ellos. Pasaban su tiempo siendo entrometidos, lo que se interpreta como *"hablar inútilmente o entrometerse en cosas que no son propiamente de su incumbencia.* Contrasta con el trabajo significativo y la productividad". Pablo dijo que la iglesia no debería cuidar de personas así.

Si alguien que no trabaja no debe comer, como algunos han afirmado que dice el versículo, entonces ¿qué pasa con alguien que está discapacitado y no puede trabajar? Después de todo, no están funcionando, por lo que no deben comer de acuerdo con la interpretación mencionada en el párrafo inicial. Eso no puede ser cierto, entonces, ¿qué estaba tratando de transmitir Pablo aquí?

Jesús dijo en Juan 17:4: "Yo te he glorificado en la tierra; he acabado la obra que me diste que hiciese.". Jesús trabajó, pero no trabajó para una empresa. Hizo la voluntad de Dios y Dios el Padre proveyó para Él y Sus discípulos. Por lo tanto, si estás dispuesto a hacer el trabajo que Dios tiene para ti, entonces Él te pagará, y eso puede o no involucrar a una empresa u organización. Tu papel es encontrar la obra que Él tiene para ti; Su función es satisfacer tus necesidades.

Esto es importante en el contexto más amplio de esta serie, que se ha centrado en tu propósito creativo y finanzas. Si estás dispuesto a hacer el trabajo que Dios tiene para ti, entonces estás trabajando para Dios y Él te pagará. Por ejemplo, estoy escribiendo este *libro*, por el que no me pagan. Sin embargo, escribir ha sido parte de mi trabajo durante 25 años, y Dios provee de otras maneras, a través de mi ministerio y editorial. Publico material todos los días en las redes sociales, por lo que no me pagan, ese es mi trabajo. Mientras escribo, estoy en Colombia y he estado trabajando duro enseñando y capacitando, pero la gente no me paga por estar aquí. He pagado todos los gastos de mi trabajo aquí, y Dios ha provisto a través de generosos donantes.

¿Qué obra te ha dado Dios para hacer? Si lo haces, tú y tu familia tendrán lo que necesitan para sostener la vida de cualquier fuente que Dios elija usar, y puede haber más de una fuente. Recuerda que Jesús es tu modelo. Hizo la obra que el Padre le dio para hacer, y nunca le faltó.

Lo mismo será cierto para ti sin importar cuán grande sea su familia o sus necesidades. Asegúrate de no dedicar tu tiempo y esfuerzo a cosas que no son de tu incumbencia, sino que son parte de los asuntos de Dios para ti. Si estás dispuesto a hacerlo, Dios cuidará de ti.

Estudio 24
Oro y Plata

Gran parte de lo que hemos discutido en esta serie sobre Provisión Llena de Propósito se ha relacionado con ajustar tu mentalidad en cuanto a tu ocupación, propósito, salario y provisión. El objetivo ha sido examinar tu manera de pensar para ver dónde necesita renovarse en relación con esos asuntos importantes de la vida. Pablo escribió:

> No imiten las conductas ni las costumbres de este mundo, más bien dejen que Dios los transforme en personas nuevas al cambiarles la manera de pensar. Entonces aprenderán a conocer la voluntad de Dios para ustedes, la cual es buena, agradable y perfecta (Romanos 12:2, NTV).

Permíteme darte algunos ejemplos personales de cómo mi mente se renovó en cuanto al tema de mis ingresos. Cuando comencé a trabajar en África, sabía lo pobre que era, así que pensé: "Necesito que los estadounidenses me apoyen para poder trabajar allí". Sin embargo, cuando fui allí, Dios me mostró lo equivocado que estaba mi manera de pensar, pues no todos los africanos eran pobres y pronto me pagaron por mi trabajo para poder vivir en Estados Unidos.

Hace años, me lamentaba de no vender muchos libros cuando clamé a Dios: "No estoy vendiendo muchos libros". Inmediatamente llegó este pensamiento de parte de Dios: "¿Quién dijo que hay que venderlos? ¿Pablo vendía libros? ¿Tenía un agente? ¿Había librerías en aquel entonces?". Pablo escribía porque tenía algo que decir y lo "regalaba". Después de eso, comencé a usar mis libros más como herramientas ministeriales que como una fuente de ingresos, y Dios aumentó la cantidad de libros distribuidos y vendidos.

En ambos casos, Dios buscaba una sola cosa: cambiar mi forma de pensar sobre mis ingresos y mi propósito. Iba a África a escribir, pero Dios estaba a cargo de mi provisión y mi visibilidad ministerial. Fue entonces cuando comencé a pedir a personas de todas partes que apoyaran mi trabajo, y fue entonces cuando comencé a distribuir libros como parte de mi ministerio de enseñanza, a veces para la venta y a veces gratis. Cuando cambié mi manera de pensar, pude confiar en que Dios me proveería los recursos que necesitaba de cualquier fuente que Él eligiera. Fue una experiencia transformadora que comenzó con nuevas ideas.

"¿En qué aspectos has hecho suposiciones sobre cómo Dios proveerá para ti que limitan tu efectividad? ¿Estás aferrado a ciertas formas de pensar como: "Necesito que una empresa me pague; no cederé lo que debería cobrar; si quiero más dinero, tengo que trabajar más duro o buscar

otro trabajo"? Todos esos pensamientos pueden ser ciertos, pero también pueden estar limitándote y a lo que Dios quiere hacer en tu vida.

Mi objetivo en esta serie ha sido desafiar tu mentalidad dominante sobre la provisión de Dios. Dios puede usar una organización para pagarte o puede usar individuos. Dios puede hacer que prestes tus servicios y luego proveer para ti a través de personas u organizaciones que no estuvieron directamente involucradas en tu trabajo. Dios declaró: "Mía es la plata y mío es el oro" (Hageo 2:8).

Si la plata y el oro son suyos, entonces Él puede distribuirlos como quiera. Y esas son buenas noticias para ti porque Él promete darte algo según lo necesites para que puedas hacer su voluntad, y esa forma de pensar me ha dado la libertad de ir y hacer lo que Dios quiera donde Él quiera, y confío que Él hará lo mismo por ti.

ESTUDIO 25

ABUNDANCIA

Cuando estoy en África, paso mucho tiempo pensando en casa. Cuando estoy en casa, paso mucho tiempo hablando y pensando en África. De acuerdo con este patrón, creo que escribiré una lección que aprendí en África que se relaciona con el tema de nuestra serie de propósito y finanzas.

He estado en numerosos safaris por toda África, y siempre llevo a mis grupos a experimentar uno durante al menos un día. Nunca pasa de moda, no importa cuántos viajes haga, dondequiera que estén. El Maasai Mara en Kenia resulta ser mi área favorita para conducir o safari, como se llama allí. Hay una lección sobresaliente que me llevo de cada safari que tomo, y esa lección es la abundancia. Déjame explicarte.

MUCHO

Cuando vamos en carro, atravesamos muchos kilómetros cuadrados de nada más que hierba y árboles. Por lo general, vemos jabalíes, ñus, leones, jirafas, elefantes y muchas otras criaturas. (Tomé esta foto en un viaje reciente) A menos que haya circunstancias inusuales que creen una sequía, siempre hay suficiente para que todos coman. Es cierto que pueden comerse unos a otros, pero nunca parece haber falta.

Mientras estábamos en Kenia un agosto, la migración anual había comenzado. Más de un millón de ñus e incluso más cebras llegan a la zona de Mara desde Tanzania durante unos meses para alimentarse de la hierba alta de Mara. ¿Te imaginas la cantidad de hierba que se necesita para alimentar a millones de animales durante un mes? Sin embargo, siempre hay suficiente para todos los nuevos huespedes. Y los animales que migran alimentan a los leones, hienas y cocodrilos que esperan ansiosos su llegada.

Nunca veo ninguna ansiedad entre los animales. Cuando tienen hambre, comen. Cuando están cansados, duermen. Cuando tienen sed, buscan y suelen encontrar agua. Todo lo que necesitan, lo tienen. Entonces, si Dios puede proveer tal abundancia en su mundo, ¿por qué no creo que Él puede producirla en mi mundo también?

DINERO

Me maravillo cuando viajo a ciudades donde viven millones de personas. ¿Cómo se alimenta todo el mundo? ¿Cómo hay agua potable para que esos residentes beban, se bañen, eliminen los desechos y cocinen? ¿Cómo hay suficiente electricidad? ¿Cómo puede haber suficientes viviendas para la mayoría de la gente? La verdad es que la misma abundancia es visible en esas ciudades es igual que en las llanuras de África donde deambulan los animales.

Si Dios es capaz de cuidar de millones de

personas y animales, ciertamente puede cuidar de mí. Sin embargo, no siempre creo eso y me pongo ansioso cuando no tengo mi provisión en el bolsillo donde pueda tocarla o saber dónde y cuándo llegará si no está en mi cuenta bancaria.

¿Crees en esta abundancia que estoy describiendo? No respondas demasiado rápido. Si lo haces, ¿por qué no comienzas tu negocio, publicas tu libro o haces ese viaje del que has estado hablando durante años? ¿Es porque no tienes el dinero? ¿Por qué el dinero estaría exento del principio de abundancia que vemos a nuestro alrededor?

TRES REFLEXIONES

Permíteme ofrecerte tres ideas que pueden ayudarte a incluir el dinero en tu filosofía de la abundancia.

1. El dinero está incluido en la abundante provisión de Dios para la vida. Cuando Pedro necesitó dinero para pagar el impuesto del templo en Mateo 17:27, Jesús lo envió al lago para sacar un pez que tenía el dinero requerido en la boca. Esa historia por sí sola nos dice que Dios no tiene ningún problema en proveer el dinero que necesitas para hacer Su voluntad.

2. Cuando necesites dinero, lo tendrás, no antes. No esperes para hacer tus planes hasta que tengas dinero. Haz tus planes y el dinero estará ahí cuando lo necesites.

3. Cuando Dios provee para ti, no se lo ha quitado a otra persona. No hay una cantidad fija de dólares o dinero en el mundo. Dios puede crear riqueza y dinero como cualquier otra entidad. Por lo tanto, tu bendición no viene a expensas de otra persona. No tienes que estar ambivalente o sentirte culpable acerca de tu provisión o preocuparte de que estás pidiendo demasiado.

Dios provee para los animales y para millones de personas que viven en las ciudades. Él también puede proveerte a medida que buscas ser productivo y cumplir tu propósito creativo. Te sugiero que examines tu actitud acerca de la abundancia esta semana, especialmente en lo que concierne al dinero. Entonces, armado con una nueva confianza, te insto a hacer grandes planes que te permitan contar con la abundancia de Dios mientras llevas a cabo Su voluntad.

Estudio 26

Vivir en Goshen

Las plagas egipcias comenzaron cuando el Nilo se convirtió en sangre. Luego hubo un enjambre de ranas por toda la tierra, pero los magos egipcios pudieron replicar lo que Moisés había iniciado en ambos casos. La plaga de mosquitos fue la primera plaga que los magos no pudieron igualar, lo que hizo que le dijeran a Faraón: "Este es el dedo de Dios" (Éxodo 8:19). Luego vino la cuarta plaga que también trajo un cambio importante en la forma en que se experimentaban las plagas:

> "Y aquel día yo apartaré la tierra de Gosén, en la cual habita mi pueblo, para que ninguna clase de moscas haya en ella, a fin de que sepas que yo soy Jehová en medio de la tierra. Y yo pondré redención entre mi pueblo y el tuyo. Mañana será esta señal" (Éxodo 8:22-23).

Las primeras tres plagas habían afectado al pueblo de Dios que vivía en Gosén, pero comenzando con las moscas, Dios los apartó de los egipcios para demostrar que Su favor estaba sobre ellos.

Siempre puedes contar con la verdad de que vives en un mundo diferente al de aquellos que no conocen al Señor. Él puede preservarte y protegerte mientras hay hambre y carencia a tu alrededor. Eso significa que puedes cumplir tu propósito y expresar tu creatividad sin importar las condiciones externas en las que debas funcionar.

Eso no es todo lo que fue diferente en la cuarta plaga:

> Y respondió Moisés: He aquí, al salir yo de tu presencia, rogaré a Jehová que las diversas clases de moscas se vayan de Faraón, y de sus siervos, y de su pueblo mañana; con tal que Faraón no falte más, no dejando ir al pueblo a dar sacrificio a Jehová. Entonces Moisés salió de la presencia de Faraón, y oró a Jehová. Y Jehová hizo conforme a la palabra de Moisés, y quitó todas aquellas moscas de Faraón, de sus siervos y de su pueblo, sin que quedara una (Éxodo 8:29-31).

El Señor dejó en manos de Moisés el momento en que terminaría esta plaga. Moisés oró y Dios respondió a su oración y detuvo la plaga. Debido a que Moisés estaba fluyendo en su propósito, Dios estaba escuchando, como Jesús había prometido que sucedería en nuestras vidas también:

> "De cierto, de cierto os digo: El que en mí cree, las obras que yo hago, él las hará también; y aun mayores hará, porque yo voy al Padre. Y todo lo que pidiereis al Padre en mi nombre, lo haré, para que el Padre sea glorificado en el Hijo. Si algo

pidiereis en mi nombre, yo lo haré" (Juan 14:12-14).

Jesús no hizo esta promesa para que pudieras obtener lo que quisieras en cualquier momento. Él lo hizo para que puedas hacer obras más grandes que las que Él hizo, las cuales harás cuando estés en tu propósito y expreses tu creatividad. Y esa promesa incluiría no solo la protección de Dios, sino también Su provisión para que puedas cumplir Su voluntad para tu vida.

Esta serie ha sido sobre el propósito y las finanzas y la lección de esta semana es clara: incluso si sirves en Egipto, Dios te preservará y cuidará de ti. Las reglas y condiciones de Egipto no necesariamente te afectarán o impactarán, y eso incluye el dinero. Dios puede proveer durante una hambruna o las plagas, pero **¿tienes la confianza y la fe para que Él lo haga? ¿Tomarás en serio las palabras de Jesús en Juan 14? ¿Pedirás como Santiago instruyó: "Codiciáis, y no tenéis; matáis y ardéis de envidia, y no podéis alcanzar; combatís y lucháis, pero no tenéis lo que deseáis, porque no pedís. Pedís, y no recibís, porque pedís mal, para gastar en vuestros deleites." (Santiago 4:2-3)?** Pedirle a Dios lo que necesitas para vivir no es buscar "tus placeres".

Al igual que lo hizo con Moisés, Dios está esperando que le hables como su socio en la obra que tiene para ti. No trivialices ni desperdicies esta preciosa conexión con el Creador del universo que ha prometido proporcionarte lo que necesites para hacer Su voluntad. Eso significa que debes decir oraciones audaces y decididas si esperas ver a Dios actuar repetidamente en tu nombre.

Estudio 27

El Principio de Gosén

Siempre recibo comentarios positivos cuando hablo de la abundancia en general. Es cuando las personas tienen que aplicar el principio de abundancia en sus propias vidas que a menudo comienzan los problemas. Escucho a la gente decir por un lado: "Dios puede hacer cualquier cosa", solo para luego decir: "Pero John, no lo entiendes. Soy de una familia pobre" o "No gano mucho dinero en mi trabajo" o "Vivo en África y somos pobres" o "Vivo en los Estados Unidos y el costo de vida es muy alto en mi área".

O la abundancia se aplica a todos en el reino de Dios o no. No estoy hablando de autos lujosos y casas grandes. Estoy hablando de tener todos los recursos que necesitas para cumplir tu propósito y ser productivo. El problema no es la abundancia; El problema es cómo pensamos sobre la abundancia. Revisemos al pueblo de Dios en Egipto para ver si podemos encontrar ayuda con nuestro pensamiento en lo que respecta a la abundancia.

MOISÉS Y FARAÓN

Hemos visto que cuando Moisés regresó

a Egipto, los tiempos eran difíciles. El pueblo era oprimido por los egipcios y obligado a trabajar como esclavos. Es interesante que fueran numerosos y potencialmente poderosos, pero tenían una mentalidad de esclavos que los mantenía encerrados en lo que siempre habían sido y hecho.

Llegó Moisés, quien anunció que era un nuevo día; ¡Dios los iba a liberar! El único problema era Faraón. Se negó a cooperar cuando Moisés le dio las buenas nuevas e hizo que las condiciones de trabajo fueran más severas para mantener a los israelitas "ocupados". Esto hizo que el pueblo se quejara contra Moisés, su libertador. Cada vez que tienes una mentalidad de esclavo, te molesta alguien que quiere liberarte.

Así que Dios intervino e inició lo que sabemos que son las diez plagas en Egipto. Cada plaga se enfrentó a un dios egipcio y demostró que el Dios de Moisés era más poderoso y tenía derecho a liberar a su pueblo. Las cosas fueron de mal en peor en Egipto cuando Dios envió granizo, mosquitos, ranas, oscuridad y forúnculos sobre los egipcios.

En ese momento, los israelitas vivían en un área llamada Gosén. Lo más asombroso sucedió mientras los egipcios pasaban por sus plagas. Me refiero a este asombroso fenómeno como el Principio de Gosén.

OSCURIDAD Y LUZ SOLAR

Para explicar el principio de Gosén, veamos tres pasajes:

1. Pero esta vez haré una excepción con la región de Gosén, donde vive mi pueblo. Allí no habrá moscas. Entonces sabrás que yo soy el Señor, y

que estoy presente incluso en el corazón de tu tierra. Haré una clara distinción entre mi pueblo y tu pueblo. Esta señal milagrosa ocurrirá mañana'" (Éxodo 8:22-23).

2. El único lugar donde no cayó granizo fue en la región de Gosén, donde vivía el pueblo de Israel (Éxodo 9:26).

3. Luego el Señor le dijo a Moisés: "Extiende tu mano hacia el cielo, y la tierra de Egipto quedará en una oscuridad tan densa que podrá palparse". Entonces Moisés extendió su mano hacia los cielos, y una densa oscuridad cubrió toda la tierra de Egipto por tres días. Durante todo ese tiempo las personas no pudieron verse unas a otras ni se movieron. Sin embargo, la luz no faltó en ningún momento donde vivían los israelitas (Éxodo 10:21-23).

¿Ves el Principio de Gosén en acción? ¡Dios bendijo y protegió a su pueblo mientras enviaba plagas a Egipto! Tu abundancia no depende de condiciones externas. Depende de Dios y solo de Él. Sin embargo, debes posicionarte mentalmente para recibir esa abundancia o puedes bloquearla o limitarla en tu vida mientras la celebras en la vida de otras personas. Ahora sería un buen momento para examinar tu actitud hacia la abundancia, no en lo que respecta a otras personas, sino en lo que respecta a ti.

¿Crees que tienes acceso a todo lo que necesitas para tener un propósito y ser productivo? Si lo haces, ¿puedes probarlo? ¿Qué

estás haciendo y planificando porque sabes que los recursos estarán ahí cuando los necesites? ¿Ves que tu provisión no depende de las circunstancias sino del Dios de esas circunstancias?

El Principio de Gosén no era solo para Israel; es para ti y para mí. Armado con ese hecho, espero que actúes como un residente de Gosén, donde el sol siempre brilla y el aire está libre de polvo y mosquitos.

ESTUDIO 28

EL REY PAGA LA OBRA DEL REINO

Estamos llegando al final de nuestro estudio sobre la Provisión llena de Propósito, pero todavía hay lecciones importantes que aprender y recordar antes de cerrar. En este capítulo, veamos lo que Pablo enseñó con respecto a los obreros del evangelio y su provisión:

> ¿Quién fue jamás soldado a sus propias expensas? ¿Quién planta viña y no come de su fruto? ¿O quién apacienta el rebaño y no toma de la leche del rebaño? 8 ¿Digo esto solo como hombre? ¿No dice esto también la ley? Porque en la ley de Moisés está escrito: No pondrás bozal al buey que trilla. ¿Tiene Dios cuidado de los bueyes, o lo dice enteramente por nosotros? Pues por nosotros se escribió; porque con esperanza debe arar el que ara, y el que trilla, con esperanza de recibir del fruto. Si nosotros sembramos entre vosotros lo

espiritual, ¿es gran cosa si segáremos de vosotros lo material? Si otros participan de este derecho sobre vosotros, ¿cuánto más nosotros? Pero no hemos usado de este derecho, sino que lo soportamos todo, por no poner ningún obstáculo al evangelio de Cristo. ¿No sabéis que los que trabajan en las cosas sagradas, comen del templo, y que los que sirven al altar, del altar participan? Así también ordenó el Señor a los que anuncian el evangelio, que vivan del evangelio (1 Corintios 9:7-14).

Los comentarios de Pablo se refieren a aquellos que están trabajando para difundir el evangelio, pero creo que podemos aplicar lo que escribió a un contexto diferente sin violar la intención de Dios. Déjame explicarte.

Cuando estás funcionando en tu propósito creativo, estás sirviendo a Dios indirectamente mientras sirves a los demás. **Entonces, ¿no es Dios quien te "contrató"? ¿No es Él quien finalmente te paga? ¿No deberías tener derecho a 'participar en las cosechas' de la cosecha de tu trabajo como Dios prometió, pero las cosechas no son solo de donde trabajas, sino de la obra del Reino que haces?** Dado que eres ciudadano del Reino, el Rey y no tu lugar de trabajo es el responsable final de tu cuidado, ya que estás trabajando para Él.

Por lo tanto, puedes esperar que Dios respalde los principios que Pablo describió mientras haces Su obra. Además, tu provisión no se limita a tu campo de trabajo, sino que puede provenir de cualquier fuente que el Rey elija utilizar, ya que Él está aprovechando los recursos de todo Su Reino y no solo de tu lugar de trabajo. Dado que Dios es quien estableció el principio de que el "buey nunca debe ser amordazado", entonces Él debe mantenerse fiel a Su propio principio y proveer libremente para ti en la obra del Reino que estás haciendo.

Esta verdad me ha liberado para hacer lo que Dios me ha creado para hacer, lo cual reconozco como tal debido al gozo que tengo al hacerlo. Puedo hacer mi trabajo en las redes sociales, publicando regularmente palabras y enseñanzas de aliento para que cualquiera pueda acceder, porque Dios de alguna manera me pagará a través de los medios que Él elija. Puedo ayudar a otros a publicar sus libros y no cobrarles una tarifa que represente la cantidad real de tiempo que debo invertir porque estoy haciendo la voluntad de Dios al servirlos. Él me proveerá de fuentes más allá de mi trabajo editorial.

Regresa al pasaje y lee nuevamente lo que Pablo escribió, pero esta vez mírate a ti mismo como el destinatario de la promesa de provisión sin importar el trabajo que estás haciendo. Lee los versículos en voz alta y di tu nombre donde corresponda: "Dios no pondrá bozal **"a Juan"** cuando **trilla (pisa) su** grano". Al hacerlo, te liberará de ver lo que está justo frente a ti como tu única fuente para una visión más amplia del hecho de que Dios es el que te paga. Y respalda Su edicto de que "un obrero (inserta tu nombre) es digno de (su) salario". **¿No es reconfortante saber que Dios es tu pagador y nunca te permitirá trabajar sin estar bien remunerado?** Sé que es para mí y me ha liberado para servir a Dios de la manera que mejor se adapte a cómo Él me creó para ser.

Estudio 29

MANÁ

Cuando Israel salió de Egipto, sus suministros de alimentos se agotaron rápidamente y se quejaron contra Moisés y Dios: "¡Ojalá hubiéramos muerto por mano de Jehová en la tierra de Egipto!" (Éxodo 16:3b). Preferían una vida de esclavitud en lugar de una vida de libertad y fe. Era más fácil para Dios sacar al pueblo de Egipto que sacar a Egipto de ellos. Moisés convocó al pueblo y les dijo que el Señor respondería y lo hizo:

> Y venida la tarde, subieron codornices que cubrieron el campamento; y por la mañana descendió rocío en derredor del campamento (Éxodo 16:13).

Dios les envió carne y pan, pero lo hizo de una manera que la gente nunca había experimentado, y lo haría durante los siguientes 40 años. Al principio, la gente no sabía qué era el pan, por lo que lo llamaron *maná*, que significa *¿qué es?*. Al pueblo no se le permitía guardar maná de un día para otro, excepto el día antes del sábado, cuando podían reunir la cantidad de dos días para poder descansar en el séptimo día.

¿Cuánto maná podría cosechar la gente cada día? "Esto es lo que Jehová ha mandado: Recoged de él cada uno según lo que pudiere comer; un gomer por cabeza, conforme al número de vuestras personas, tomaréis cada uno para los que están en su tienda." (Éxodo 16:16). Cuando algunos trataron de recoger más, se podría de la noche a la mañana, pero cuando reunieron más para tener suficiente para el sábado, milagrosamente no se pudrió. Dios les estaba enseñando obediencia y estableciendo que Él era su Proveedor y sabía exactamente lo que necesitaban. Él proveía diariamente y así es como debían vivir hasta que llegaran a la Tierra Prometida. Las lecciones para nosotros deberían ser obvias:

1. La fe es un estilo de vida, no un evento o un último recurso.
2. Dios provee lo que necesitas, no lo que quieres.
3. Dios decide lo que necesitas.
4. Dios determina cómo proveerá para lo que necesitas.
5. La verdadera libertad en el servicio a Dios proviene de descansar en su fiel provisión.

Esta historia del maná es un poderoso recordatorio de que la fe no es un evento de una sola vez, sino un estilo de vida diario. La provisión de Dios se adapta perfectamente a nuestras verdaderas necesidades, no a nuestros deseos, y Él decide cómo y cuándo suplirlas. Nuestro papel es confiar en Él y cooperar con Su plan en lugar de tratar de controlar el resultado nosotros mismos.

Al vivir de esta manera, puedes descansar en la seguridad de que Dios es tu Proveedor supremo, alguien que satisface todas tus necesidades de acuerdo con Sus gloriosas riquezas (ver Filipenses 4:19). Reconocer esta verdad te libera para servir de todo corazón, confiando en que Él te sostendrá en cada paso de tu viaje a través del Desierto y hacia la Tierra Prometida

Epílogo

La Generosidad y la Provisión de Dios

Al cerrar nuestro estudio sobre la Provisión de Dios Llena de Propósito, es importante reflexionar sobre uno de los aspectos más desafiantes y mal utilizados de la vida cristiana: la generosidad. La generosidad está profundamente entretejida en el tejido del Reino de Dios. Fluye naturalmente de un corazón que ha experimentado la gracia y la provisión de Dios. Sin embargo, a menudo se malinterpreta y se aplica mal, especialmente en conversaciones sobre finanzas y la bendición de Dios. Y todos hemos escuchado a alguien prometer una ganancia inesperada si solo damos una siembra especial, a veces de una cantidad específica, a su ministerio o causa.

A lo largo de esta serie, has aprendido que Dios es tu Proveedor, la fuente para cubrir todas tus necesidades. Él te acompaña diariamente con Su fidelidad, a menudo de maneras más allá de tus expectativas o comprensión. Hemos explorado cómo Dios te enseña a confiar en Él en cada temporada financiera: abundancia o escasez, facilidad o dificultad. Hemos visto que la provisión de Dios no está ligada a sistemas o instituciones humanas, ni limitada por las circunstancias, sino que es una demostración de Su amor y poder.

Pero a medida que abrazamos la verdad de que Dios satisface nuestras necesidades, también debemos lidiar con lo que significa ***dar*** y ***vivir*** generosamente. La generosidad no es el mecanismo para "desbloquear" la provisión de Dios como una máquina tragamonedas. No es un acto transaccional que realizamos para obtener un premio mayor. En cambio, la generosidad es una respuesta, un derramamiento agradecido de nuestros corazones porque reconocemos que Dios nos ha dado todo lo que tenemos. Nuestro dar es entonces una respuesta, una expresión de confianza, adoración y obediencia.

La generosidad fluye de la gracia, no de la manipulación

Muchas personas luchan con la idea de dar, especialmente cuando las finanzas son escasas. A veces, dar se malinterpreta como una forma de "comprar" el favor de Dios o de garantizar su bendición. Esta mentalidad convierte la generosidad en manipulación, un intento de controlar la mano de Dios con lo que le ofrecemos. Pero las Escrituras enseñan una historia diferente. Pablo nos recuerda en 2 Corintios 9:6-8:

> Pero esto digo: El que siembra escasamente, también segará escasamente; y el que siembra generosamente, generosamente también segará. Cada uno dé como

propuso en su corazón: no con tristeza, ni por necesidad, porque Dios ama al dador alegre. Y poderoso es Dios para hacer que abunde en vosotros toda gracia, a fin de que, teniendo siempre en todas las cosas todo lo suficiente, abundéis para toda buena obra;

Observa el énfasis de Pablo: la generosidad es una elección hecha "en tu corazón": es voluntaria y alegre, no forzada ni calculadora. Dios "ama al dador alegre", no al reacio o estratégico. La promesa de que "Dios puede bendecirte abundantemente" está ligada a Su gracia, no a nuestros intentos de manipular los resultados. El apóstol Santiago también nos advierte sobre el tema, como lo hemos notado al leer este libro:

Codiciáis, y no tenéis; matáis y ardéis de envidia, y no podéis alcanzar; combatís y lucháis, pero no tenéis lo que deseáis, porque no pedís. Pedís, y no recibís, porque pedís mal, para gastar en vuestros deleites (Santiago 4:2-3).

Si tu motivo para dar, o para pedirle a Dios por tu provisión, es egocéntrico o manipulador, la promesa de una bendición no es garantizada. automática. Dios ve el corazón. Él desea que nuestra generosidad provenga de un lugar de confianza y adoración.

Lecciones Aprendidas

Al resumir las lecciones centrales de este libro, es crucial mantener la generosidad dentro del marco bíblico más amplio de propósito y provisión.

1. Dios es la fuente máxima de todo lo que necesitamos

La verdad más fundamental es que Dios es nuestro Proveedor. Él sostiene las aves del cielo y viste las flores del campo (Mateo 6:25-34). Él conoce nuestras necesidades y promete satisfacerlas mientras buscamos Su Reino primero. Esto significa que nuestra seguridad no descansa en trabajos, salarios, inversiones o cualquier institución humana, sino en Dios mismo.

2. La fe es un estilo de vida diario

La fe no es un evento de una sola vez o un último recurso desesperado cuando se acaba el dinero. Es una elección diaria confiar en la provisión de Dios mientras caminamos en obediencia a Su llamado. Al igual que los israelitas que recogen maná cada mañana, aprendemos a depender de Dios momento a momento.

3. Nuestro propósito es el contexto para la provisión

La provisión de Dios está diseñada para darnos poder para cumplir los propósitos únicos que Él nos ha asignado a cada uno de nosotros. Cuando nos involucramos en el llamado que Dios nos ha dado, nos posicionamos para recibir Su provisión. La provisión fluye en conjunto con el propósito, no es desconectada ni accidental.

4. Debemos distinguir entre propósito y ocupación

Tu trabajo o profesión puede proporcionarle recursos financieros, pero no define su propósito.

Al igual que el apóstol Pablo, quien hizo tiendas de campaña para apoyar su ministerio, nuestro trabajo puede financiar nuestro llamado, pero no es la totalidad de lo que somos. Comprender esto nos libera de la ansiedad ligada únicamente al estatus profesional o a los ingresos.

5. La provisión de Dios puede venir de maneras inesperadas

Dios se deleita en sorprendernos al proveer a través de canales que no esperamos, ya sea a través de regalos, oportunidades, relaciones o nuevas empresas. No está limitado por los métodos convencionales.

6. La presión económica puede refinarnos y redirigirnos

Las temporadas de carencia o dificultades no son signos de la ausencia de Dios, sino oportunidades de crecimiento, aprendizaje y redirección. Dios usa estos tiempos para enseñarnos dependencia, ampliar nuestra fe y, a veces, movernos a nuevos campos de propósito.

7. Confiar en el tiempo de Dios es crucial

Es posible que la provisión de Dios no siempre llegue cuando o como esperamos. Aprender a esperar pacientemente y confiar en Su tiempo perfecto es una parte vital de caminar con propósito. Dios a menudo usa las temporadas de espera para prepararnos y moldear nuestro carácter para que podamos manejar las bendiciones cuando lleguen.

La provisión de Dios, nuestra respuesta

En conclusión, el viaje de propósito y

provisión es espiritual. Dios nos invita a asociarnos con Él viviendo con propósito, confiando en Él diariamente y dando generosamente. Él promete satisfacer nuestras necesidades, no porque nos las hayamos "ganado" o manipulado a Dios, sino por su carácter fiel y amor. A medida que nos alineamos con Su voluntad, Él abre puertas de provisión, a veces sorprendiéndonos con bendiciones más allá de lo que imaginamos.

Al mismo tiempo, Dios nos llama a vivir generosamente, reflejando su corazón en un mundo necesitado. Nuestra generosidad es un testimonio de que nuestra seguridad se encuentra solo en Dios. Declara a los demás que confiamos en que Dios nos proveerá, para que podamos dar libremente para bendecir.

Que camines hacia adelante con confianza y gracia, sabiendo que Dios *satisfará* tus necesidades a medida que persigues tu propósito creativo. Y que la generosidad fluya de tu corazón no como una transacción, sino como una respuesta gozosa a Aquel que lo dio todo por ti.

MANTENTE EN CONTACTO CON JOHN W. STANKO

www.purposequest.com
www.johnstanko.us
www.stankobiblestudy.com
www.stankomondaymemo.com
o vía
email at johnstanko@gmail.com

John también realiza un extenso trabajo de ayuda y desarrollo comunitario en Kenia. Puedes ver algunos de sus proyectos en www.purposequest.com/contributions

Purpose Quest International

PO Box 5044
Williamsburg, VA 23188

Títulos Adicionales de John W. Stanko

Ediciones en Español

Cambiando la Manera de Hacer Iglesia
La Vida Es Una Mina De Oro:
¿Te Atreves A Cavarla?
No Leas Estes Libro: (A Menos Que Quieras Convertirte
E Un Mejor Líder)
Fuero lo Viejo, Adentro lo Nuevo
Gemas de Propósito
Ven a Adorarlo: Preparándonos para Emmanuel
Desbloqueando el Poder de Tu Pensamiento
Nunca Demasiado Joven para un Propósito
Nunca Demasiado Viejo Para Un Propósito
Estrictamente Negocios
Biblia de Estudio del Propósito: Deuteronomio
Biblia de Estudio del Propósito: Josué
Entrenamiento para Reinar
Puntos De Poder
El Poder del Púrpura
Póngame, Entrenador
Avivamiento del Propósito

Ediciones en Inglés

A Daily Dose of Proverbs
A Daily Taste of Proverbs
Changing the Way We Do Church
I Wrote This Book on Purpose
Life Is A Gold Mine: Can You Dig It?
Strictly Business
The Faith Files, Volume 1
The Faith Files, Volume 2
The Faith Files, Volume 3
The Leadership Walk
The Price of Leadership
Unlocking the Power of Your Creativity
Unlocking the Power of Your Productivity
Unlocking the Power of Your Purpose
Unlocking the Power of You
What Would Jesus Ask You Today?
Your Life Matters

Live the Word Commentary: Matthew
Live the Word Commentary: Mark
Live the Word Commentary: Luke
Live the Word Commentary: John
Live the Word Commentary: Acts
Live the Word Commentary: Romans
Live the Word Commentary: 1 & 2 Corinthians
Live the Word Commentary: Galatians, Ephesians, Philippians, Colossians, Philemon
Live the Word Commentary: 1 & 2 Thessalonians, 1 & 2 Timothy, and Titus
Live the Word Commentary: Hebrews
Live the Word Commentary: Revelation